THE EMPATHY EDGE

공감은 어떻게
기업의 매출이 되는가

《포천》 500대 기업 브랜드빌더의 혁신기업 공감전략

공감은 어떻게
기업의 매출이 되는가

마리아 로스 지음 | **이애리** 옮김

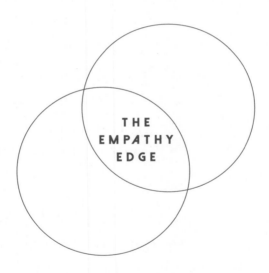

THE
EMPATHY
EDGE

포레스트북스

이 책에 쏟아진 찬사

"수많은 기업으로 붐비고 각종 이슈로 시끄러운 오늘날의 시장에서는 인간성이 승리한다. 마리아 로스의 책은 풍부한 자료와 사례 연구, 실용적인 조언을 통해 공감하는 태도가 어떻게 리더와 브랜드를 돋보이게 하는지 설득력 있게 보여주고 있다."

_ 도리 클라크Dorie Clark, 『스탠드 아웃Stand Out』 저자이자
미국 듀크대학 푸쿠아 비즈니스스쿨Duke University's Fuqua School of Business 겸임 교수

"오늘날 동종 기업들의 제품과 서비스는 대개 구별이 불가능할 정도로 비슷하게 개발되고 만들어진다. 차별화할 수 있는 요소는 딱 하나, 바로 공감이다. 이 책은 지혜롭고 열정적이며 동기를 부여한다. 모든 관리자와 간부가 꼭 읽어야 하는 책이다."

_ 제이 배어Jay Baer, 컨빈스앤컨버트Convince & Convert 창립자이자
『토크 트리거Talk Trigger』 공동 저자

"마리아 로스는 수년간 세계 최고 기업들의 브랜드 전략가로 활동하고 의료 시스템을 직접 경험하며 어렵게 얻은 공감의 힘에 관한 교훈을 공유하고 있다. 그녀는 평생 고객을 만들려면 모든 형태의 기업과 리더가 이해 당사자들을 공감하고 배려하는 자세로 대해야 한다고 말한다. 그리고 생산성과 근속연수, 재정적인 수입을 증가시킬 뿐 아니라, 직원들 간 소통 방식까지 개선하는 방향으로 기업 문화를 바꿀 수 있는 실질적인

방법을 제시한다.『공감은 어떻게 기업의 매출이 되는가』는 세상이 생각보다 훨씬 더 살 만한 곳이라는 확신이 필요한 우리 모두에게 지금 당장 필요한 책이다."

_ 데니스 브로소 Denise Brosseau, 생각리더십연구소 Thought Leadership Lab CEO이자
베스트셀러『생각을 리드하라 Ready to Be a Thought Leader?』저자

"관계는 성공에 결정적인 역할을 하며, 당신이 가진 가장 훌륭한 자산이다. 동료, 부하 직원, 고객 등 사람들과 생산적인 관계를 맺으려면 공감과 온정을 베푸는 마음으로 접근해야 한다. 이 책은 이론적 설명과 실천 방안을 한데 모은 아주 유용한 자료로, 기업이 끈끈한 조직 문화를 구축하고 성공에 보탬이 될 사람들을 선택할 수 있게 도와준다. 공감은 오늘날 기업이 필수적으로 이해해야 하는 개념이며, 마리아 로스가 그 방법을 정확하게 알려준다."

_ 미셸 틸리스 레더먼 Michelle Tillis Lederman,『아는 사람의 힘 The Connector's Advantage』,
『우리는 어떤 사람에게 끌리는가 The 11 Laws of Likability』저자

"마리아 로스는 열정적인 브랜드 빌더brand builder로서 삶에서 긍정적인 영향력을 발휘하는 온정의 가치를 주고받아 왔기에 공감의 지혜를 전달하는 데 완벽한 사람이다. 그녀는 공감형 리더가 어떻게 비즈니스에 영향을 미치는지에 대한 통찰력을 공유하는 동시에 재치 있고 따뜻한 이야기로

독자들을 사로잡는다. 이 책은 유익할 뿐 아니라 낙관적이며, 즐겁게 읽을 수 있는 보기 드문 비즈니스 도서다."

_ 메건 헨리Megan Hanley, 프리덤파이낸셜Freedom Financial CMO

"마리아 로스는 우리가 이 행성에서 성공하길 바란다면 반드시 개발해야 하는 주요 자질인 공감 능력에 대한 실질적이고 설득력 있는 통찰력을 제공한다. 공감 능력은 삶의 모든 영역에서 우리의 성공을 뒷받침해줄 뿐리다. 타인의 시각을 이해하는 능력은 기업의 디자인 경쟁력을 확보해주고, 다름을 받아들이는 태도를 길러주어 관계를 더 단단하게 만들고 값을 매길 수 없는 행복을 선사한다. 삶 전체를 한 단계 높이고 싶다면 이 책을 읽어야 한다."

_ 비키 사운더스Vicki Saunders, 쉬이오SheEO 창립자이자
#급진적 베품#radicalgenerosity운동의 주도자

"최고의 인재들이 많은 급여뿐 아니라 직장에서의 목적의식과 성취감까지 추구하는 오늘날, 마리아 로스는 공감 능력이 사업과 문화를 키우는 근간임을 보여준다. 이를 파악한 기업은 새로운 시장에서 성공할 것이며, 그렇지 못한 기업은 뛰어난 인재와 생산성, 시장 수요를 전부 잃으며 점점 도태될 것이다. 이 책은 이론적인 설명 외에도 리더들이 브랜드와 기업 문화의 구축에 활용할 수 있는 구체적인 방안을 제시하고 있다."

_ 아론 허스트Aaron Hurst, 임페라티브Imperative 공동 창립자 겸 CEO이자
베스트셀러 『목적 경제The Purpose Economy』 저자

"오늘날의 직장은 그 어느 때보다 다양한 형태를 띠고 있다. 탄탄한 사내 문화를 만드는 일은 배경, 나이, 인생 경험과 관계없이 서로에게 공감하는 행동에서 시작된다. 마리아 로스는 공감 능력이 목표를 달성하고자 하는 이들에게 초능력이 될 수도 있음을 보여준다. 그녀는 사업 성공을 바라는 사람들에게 다양성의 힘을 활용하고 감정 지능을 개발하는 실속 있는 팁들을 제시한다."

_ 칩 콘리Chip Conley, 환대hospitality 사업가이자
《뉴욕타임스 New York Times》 베스트셀러 작가

"통찰력이 가득한 마리아 로스의 책은 아주 적절한 시기에 우리에게 다가왔다. 그녀는 고객이 공감이라는 무형의 가치에 기꺼이 돈을 지불하는 이유를 설명한다. 『공감은 어떻게 기업의 매출이 되는가』는 읽어볼 가치가 충분한 책이다."

_ 마티 뉴마이어Marty Neumeier, 『브랜드갭The Brand Gap』 저자

"최고의 마케터는 자사 제품과 서비스를 구매해야 할 '설득력 있는' 이유를 정확하게 표현할 수 있다. 그리고 오늘날 공감은, 고객이 경쟁사의 제품이 아닌 자사 제품을 선택하는 이유를 마케터에게 가장 명확하게 보여주는 렌즈다. 이것이 마리아 로스가 오랜 경험과 사고의 결정체인 이 책으로써 우리에게 알려주는 사실이다."

_ 가이 와이즈멘틀Guy Weismantel, 푸시페이Pushpay CMO

공감은 어떻게
비즈니스가 되는가

나는 항상 온정, 공감, 친절이 비즈니스 세계에서 큰 자산이 될 수 있다고 생각했다. 지금까지 일하는 내내, 나는 비즈니스 세계에 널리 퍼져 있는 성공 공식을 다시 쓸 방법을 찾아왔다. 친절한 태도로 공감과 온정을 베풀면서도 경쟁력과 야심, 결단력을 갖출 수 있다는 사실을 알려주고 싶었기 때문이다. 실제로 이러한 사고방식은 나 자신뿐 아니라 나를 고용한 기업과 고객에게도 큰 성공을 가져다주었다.

기업은 친절과 공감을 베풀면서도 얼마든지 돈을 벌 수 있다. 이 두 가지는 상호 배타적인 요소가 아니다.

비즈니스 세계에서 공감 능력이 중요하다는 사실을 인지하게 된 건 아주 개인적인 경험을 통해서였다. 2008년 8월, 나는 한 병원의 중환자실에서 깨어났다. 머리는 반쯤 밀려 있었고 팔에는 링거주사기가 꽂혀 있었다. 나는 아무것도 볼 수 없었으며 단기 기억력을 상실한 상태였다.

며칠 앞서 나는 두통과 구토에 시달렸었다. 거의 두 달 동안 나를 괴롭혀온 증상이었는데, 그날따라 그 정도가 극심했다. 다행히 남편이 오후에 휴가를 냈기에 의식을 잃고 화장실 바닥에 쓰러진 나를 발견할 수 있었다. 인생의 전성기나 다름없는 건강하고 활기찬 나이 서른다섯에 뇌동맥류 파열이 찾아온 것이다. 서둘러 구급차에 실려 간 후 응급 수술을 받고 나서야 나는 겨우 살아났다.

수술 후 6주 동안 병원에 있었다. 첫 주는 신경외과 중환자실에 있었고, 이후 일반 병실로 자리를 옮겨 재활치료를 받았다. 천천히 회복 과정이 시작되었다. 뇌동맥류 파열이 심해 망막에 출혈이 일어났고, 하마터면 시력을 잃을 뻔했다. 왼쪽 눈을 수술하고 열 달 넘게 오른쪽 눈 재활치료를 마친 후에야 시력을 회복할 수 있었다.

그 시기는 내게 잃어버린 시간이나 마찬가지다. 꿈에서 본 이미지처럼 기억의 파편이 여기저기 흩어져 있다. 일시적으로 단기 기억력을 상실했어도 멀쩡한 정신으로 사람들과 이야기를 나눌 수 있었지만, 주변 환경을 온전히 자각하게 된 건 9월이 되고 나서부터였다.

나는 인생을 되찾기 위한 긴긴 여정을 시작했다. 하버뷰메디컬센터Harborview Medical Center와 워싱턴대학병원University of Washington Medical Center은 시애틀에 있는 워싱턴대학교 의과대학 소속 시설이다. 이 병원들의 뛰어난 의료진은 벼랑 끝에 선 나를 잡아주었을 뿐 아니라, 입원 기간 동안 따뜻한 보살핌과 공감의 손길을 내밀어 큰 감동을 선사했다. 아프거나 다치면 우리는 심신이 굉장히 나약해진다. 힘없는 모습으로, 어떤 때는 반쯤 옷이 벗겨진 상태로 침대에 누워 있으면, 시도 때도 없이 의사와 간호사들이 와서 이리저리 몸을 찔러댄다. 의대생들은 무슨 신기한 대상을 보듯이 환자를 관찰한다. TV와 호출 버튼만 있는 곳에 덩그러니 남겨져 긴 시간을 무력하게 있어야 한다. 누군가 지켜보는 듯한 느낌을 받으며 낯선 사람들에게 몸을 온전히 맡길 수밖에 없다.

안타깝게도 대다수 의료 기관이, 환자가 가장 절실하게 공감이 필요한 시기에 자존감을 떨어트리고 부담감을 느끼게 하는 방식으로 운영된다. 하지만 워싱턴대학병원은 전 세계 많은 다른 병원들과 마찬가지로 '환자 및 가족 중심 치료Patient and Family Centered Care' 원칙에 따르고 있다.

환자 및 가족 중심 치료는 긍정적인 치료 결과를 얻으려면 환자의 피드백과 가족(혹은 간병인)의 참여가 중요하다는 깨달음에서 비롯된 것으로, 이 원칙의 추구는 최근 세계적인 추세다. 이것은 각 환자의 개성과 강점, 선호도를 존중해, 치료 과정 전반에 걸쳐 환자의 피드백이 의료진의 의사결정에 반영되도록 한다. 환자 및 가족 중심 치료를 구성하는 핵심 기둥은 정보 공유와 협력 그리고 존중이다.

다시 말해, 환자 및 가족 중심 치료를 도입한 병원들은 환자의 필요와 감정에 초점을 맞춘 정책과 프로세스를 운영하며 자원을 배치한다. 기본적으로 환자를 병원의 수익원이나 질병을 가진 대상이 아닌 '인간'으로 대하는 것이다. 이 병원들은 더 나은 치료 결과, 의료 서비스 및 안정성 개선, 환자 만족도 상승, 입원율 및 재입원율 하락, 의료진 만족도 상승, 원활한 자원 배치 등의 효과를 보고 있다. 이 모든 장점은 비용 절감, 높은 수익, 브랜드와 조직에 대한 긍정적인 인상으로 이어진다.

워싱턴대학병원은 환자 및 가족 중심 치료를 실천하며 더 나은 의료 서비스를 제공하기 위해 공감을 그들의 좌우명으로 삼았다. 그 결과, 환자들의 치료 결과가 개선되고 내부 직원들의 의욕이 고취되었으며 언론에서도 좋은 반응을 보였다.

수술 후 잠에서 깬 나는 무섭고 혼란스러운 상태에서 짧은 순간도 전혀 기억하지 못하는 상황을 맞았다. 이때까지 나와 우리 가족은 환자 및 가족 중심 치료에 대해 아무것도 몰랐다. 하지만 병원에 입원해 있는 동안 우리는 다음과 같은 사실을 알아챌 수 있었다.

- 의사, 병원 직원, 간호사를 막론한 모든 병원 관계자가 병실에 들어오기 전에는 먼저 노크를 하고 (일시적으로 눈이 안 보이는 내게) 자신이 누군지 밝힌 뒤 들어가도 괜찮냐고 물었다.
- 내가 필요로 하는 한 남편이 계속 내 옆에 있는 것이 허용되었다. 면회 시간이 제한되어 있지 않았다.
- 병원 직원들은 전달 사항을 알려줄 때마다, 내용을 기억하지 못하고 가끔은 대화조차 어려운 나를 위해 필기를 해줄 간병인(또는 대리인)이 있다고 안심시켜주었다. 또 필요할 때는 누군가 올 때까지 기다려주었다.

- 병원 직원들은 시간을 내서 우리가 하는 질문에 대답해주고, 권장하는 치료나 전문 용어 또는 약자에 대해 설명해주었다. 이때도 나의 존엄성과 지적 수준을 존중해줬다.
- 내가 잘 보이지 않는 눈으로 더듬더듬 복도를 걸으며 도움을 청할 때 또는 우리 가족이 도움이 필요할 때, "그건 제 일이 아닙니다"라고 말하는 직원은 단 한 명도 없었다. 모두가 항상 하던 일을 멈추고 우리를 도와줄 적절한 사람을 불러주었다.
- 매일 다양한 선택지가 있는 메뉴에서 음식을 고를 수 있었다. 두려운 위기의 시간 동안 이 작은 통제력은 내게 너무나 큰 의미로 다가왔다. 덕분에 나는 초콜릿크림 파이를 마음껏 먹을 수 있었다.
- 병원은 퇴원 후 받을 치료 목록을 정리하는 데 도움을 주었고, 틈틈이 전화를 걸어 확인해주었다. 게다가 각종 자료와 함께, 질문이 있을 때 언제든지 연락해 물어볼 수 있는 전화번호까지 건네주었다.

병원에서의 이런 경험은 너무나 인상 깊었다. 그래서 나는 완전히 회복한 후 워싱턴대학병원의 '환자 및 가족 교육위원회'에서 환자 측 고문으로 봉사 활동을 시작했다. 봉사 활동을 통해 나는 병원 직원들이 핵심 사안을 결정할 때 환자의 목소리를 대변할 수 있었다.

직원들이 대우받고 싶은 방식이 아니라 '개별 고객'이 대우받고 싶은 방식으로 고객을 대하는 기업. 그리고 타인의 관점을 받아들이는 공감 능력을 바탕으로 비용은 줄이되 효율성과 고객 만족도를 증가시키는 사업 모델을 구축한 기업을 한번 상상해보라.

이런 기업을 현실화할 수 있는 것이 다름 아닌 일터에서의 공감 능력이다.

이 혁신적인 경험 덕분에 내 공감지수는 최고조에 이르렀지만, 그때도 그랬고 지금도 역시 나는 공감을 배워야 하는 학생이다. 스토리텔러로서 내 평생을 불태우는 열정의 핵심에는 공감이 자리하고 있다. 이야기에는 영감, 자극, 교훈, 기쁨, 의욕을 주는 힘이 있다는 것을 나는 경험으로 안다. 좋은 이야기를 들려주려면 다른 사람의 세상에 살면서 그들의 입장을 이해하고, 그들의 감정과 경험을 상상할 수 있는 공감 능력을 활용해야 한다. 이처럼 스토리텔링의 원동력이 되는 공감 능력은 브랜드 전략가인 내게 업무상 매우 중요한 자질이다. 기업이 소비자, 고객 또는 그 외 관계자와 온전히 소통할 수 있도록 회사의 가치를 명확히 표현하고 공유하도록 돕는 것이 내 일이기 때문이다.

버락 오바마 Barack Obama 전 미 대통령이 열변을 토하며 말했듯 오늘날 우리는 '공감 부족'을 겪고 있다. 그는 미국에 대해 말하는 것이었지만, 나는 이 공감 부족이 전 세계적으로 널리 만연해 있다고 생각한다. 너무나 많은 이들이 편을 갈라 나와 '다른 편'에 선 사람을 배척하며, 친절을 베푸는 일에는 전혀 신경 쓰지 않는다. 우리는 비극에 무감각해졌다. 인터넷에서 악성 댓글을 보는 것을 일상으로 받아들이며, 오프라인 세상에서는 주변 사람들과 소통하기보다 스마트폰 뒤에 숨는다. 많은 이들이 균열을 감지하고 있지만, 그 틈을 어떻게 메꿔야 할지 알지 못한다. 타인에 대한 공감을 느끼는 사람도 있지만,

대개 탄식만 내뱉을 뿐 그 감정을 행동으로 옮기는 방법을 찾는 데는 실패하고 만다.

이 딜레마에서 벗어나는 가장 좋은 방법은 일터에서 변화를 시작하는 것이다. 일터는 우리 대다수가 일주일에 40시간 이상 머무는 곳이다.

기업의 리더가 사업 경쟁력 확보 요인에 대한 인식과 사고방식을 바꾸면 된다. 공감 능력이 어떻게 재정적 성공 확률과 생산성, 근속연수를 높여주고 그 밖의 수많은 이점을 불러오는지 보여줄 수 있다면 가능성이 있다. 이렇게 한다면, 개인의 긍정적인 행동이 결과적으로 직원 간 소통 방식에도 영향을 미칠 수 있을지 모른다. 어쩌면 우리가 사는 세상도 조금 더 나아질 수 있을 것이다. 비약이 심하다고 할지 모르지만 전혀 말이 안 되는 것이 아니다. 이 책을 보면 알 수 있듯이 충분히 가능한 일이다.

나는 브랜드 전략가이지 공감 연구자는 아니다. 하지만 꾸준하고 깊은 호기심을 가진다면 비전문가도 어떤 주제에 관한 유용한 가이드 정도는 제공할 수 있다고 생각한다. 사실 큰 그림을 살피고 상황을 명확하게 이해하려면 해당 분야 밖에 있는 사람의 새로운 관점이 필요할 때도 있다. 그 특정 분야의 암묵적인 '규칙'을 모르는 사람은 그것을 깨트리기를 두려워하지 않는다(필요하다면, 신나게 그 규칙을 박살 내기도 한다). 그리고 기발한 방식으로 그 분야를 탐구하고 금기시되는 질문도 서슴없이 하며, 예상치 못한 결론을 도출한다.

나는 공감 능력이 효과적이고 감동을 줄 수 있는 브랜드 전략을 수립하는 데 어떤 역할을 하는지 연구하는 전문가다. 25년 넘게 브랜딩 청사진을 그리고 마케팅 전략을 짜왔다. 고객사는 《포천Fortune》 선정 500대 기업부터 급성장하는 스타트업과 신생 일인 기업까지 다양하다. 이 모든 고객사가 브랜드 메시지brand message를 통해 친근하고 따뜻한 이미지를 전달하고 고객과 원활하게 소통하기를 원하지만, 어떻게 해야 진정성 있는 행동으로 그 바람을 이룰 수 있는지 항상 알고 있는 건 아니다. 나는 그들이 원하는 관계를 맺고 공감을 실천할 수 있도록 돕는다. 그리고 그들과 함께, 소비자나 고객이 기업의 브랜드 약속을 믿을 수 있도록 공감 능력을 강조하는 방법을 모색한다. 논의를 이어가다 보면, 리더가 고객의 머릿속 생각을 파악하는 일이 고객 참여도를 높이는 데 상당히 효과적이라는 이야기로 마무리되곤 한다(직원들의 생각을 파악하는 것 역시 중요하다). 브랜딩 전략에 관한 논의는 진정한 공감형 브랜드가 되기 위해 채용 절차나 내부 정책, 고객 서비스 시스템을 어떻게 바꿔야 하는지에 대한 고민으로 이어진다.

나는 수많은 시간 동안 기업에 공감 능력에 대한 컨설팅을 제공해왔다. 웹사이트에 공감하는 척하는 말들을 아무렇게나 써놓는 대신 실제로 공감을 실천하는 법을 알려준 것이다. 그 과정에서 스스로 꾸준히 그리고 자연스럽게 공감을 실천할 수 있었다. 나는 이제 리더십을 강화하고 기업 문화를 발전시키며, 회사와 직원들이 자랑스러워하는 브랜드를 만드는 방법을 공유하려 한다. 이 책을 통해 고객사와 소비자의 원활한 소통을 돕기 위해 내가 활용하는 공감 전략을 소개한다.

우리는 사업 운영 방식에 관한 오래된 관행을 깨고, 진심으로 공감할 줄 아는 기업을 만들어야 하는 시대를 살고 있다. 지금은 기업이 조직 문화를 바꿀 전례 없는 기회다. 그 이유는 다음과 같다.

- 영리 기업의 사회적 역할이 다시 정의되고 있다.
- 직장인들의 근무 시간이 늘어났지만, 그와 동시에 직장을 고를 수 있는 선택지도 더 많아졌다.
- 기업과 조직을 휩쓸고 있는 기술 변화는 우리 역할을 바꾸고 있으며, 이러한 변화는 인간만의 특별한 능력을 효과적으로 발휘해야 할 필요성을 높인다.

먼저 영리 기업이 자신의 역할을 적극적으로 재정의하는 모습을 살펴보자. 1980년대 미국 경제계는 경제학자 밀턴 프리드먼Milton Friedman의 의견을 받아들였다. 이를 《시애틀 타임스Seattle Times》가 정리한 바에 따르면, "기업의 유일한 사회적 책임은 법의 테두리 안에서 수익을 창출하는 것이다." 하지만 현재는 많은 기업이 더 나은 세상을 만드는 일에 상당한 노력을 기울이고 있다. 이것이 바로 '깨어 있는 자본주의conscious capitalism'다.

스타벅스Starbucks 전 CEO이자 현 명예 회장 하워드 슐츠Howard Schultz는 인종 차별, 참전 용사 대우, 성 소수자 인권 등 정치적이고 사회적이며 논쟁 유발적인 문제에 대해 목소리를 내는 것을 기업 미션으로 천명했다. 2015년 《시애틀 타임스》에 실린 인터뷰에서 그는 이렇게 말했다. "이 정도 크기와 규모 그리고 플랫폼을 가진 회사라면 민감한 이슈에 목소리를 낼 권한이 있다고 생각하며, 이것이 선한 영향력으로 이어지길 바랍니다. 우리는 상장 기업의 역할과 책임을 재정의하려 노력하는 방향으로 스타벅스를 이끌고 있습니다."

아직 공감을 기업 미션에 포함하지 않은 기업들도 회사 차원에서 사회적 부정의에 대한 우려의 목소리를 내기 위해 적극적으로 나서고 있다. 진흙탕 정국이었던 2016년 미국 대선 기간 동안에는 폐쇄적이고 성차별적이며 외국인 혐오성이 짙은 언사가 난립했는데, 이런 상황에 맞서기 위해 영향력을 행사하는 기업들의 모습을 보며 많은 이들이 용기를 얻었다. 개인들은 할 수 있는 것이 그리 많지 않았지만, 영향력 있는 기업들은 인종 차별, 이민자 수용, 성 소수자와 여성 인권 문제에 대해 대담하면서도 인상적인 태도를 보여줄 수 있었다. 게다가 이들 중 다수가 최대 플랫폼 중 하나로 꼽히는 슈퍼볼Super Bowl 방송 중계를 활용해 이런 행동을 보여주었다.

건축자재 회사인 84럼버84 Lumber는 2017년 슈퍼볼 시즌에 내보낸 광고에서 미국으로 망명을 시도하는 멕시코인 모녀가 온갖 고난과 역경을 뚫고 국경선에 도착한 뒤 커다란 장벽을 발견하고 비통해하는 모습을 그렸다. 이 광고는 어린 소녀가 조각조각 이어 붙인 미국 국기를 꺼내는, 가슴 아프지만 희망적인 장면으로 끝난다. 더구나 온라인 버전 광고에서는 모녀가 마침내 84개의 목재로 만들어진 문을 찾는 해피엔딩을 연출했다.

한편, 아우디Audi는 자동차 경주에 참가한 유일한 여자인 딸아이가 남자아이들과 벌이는 시합을 걱정하는 아빠의 흥미로운 이야기를 선보였다. 아빠는 딸아이가 결코 남자아이들과 동등한 대우를 받거나 같은 수준의 임금을 받지 못할 것이라며 걱정한다. 하지만 마지막에 아빠는 딸에게 새로운 역사가 기다리고 있을 것이라는 희망을 갖는다. 그렇게 광고는 임금 격차 해소라는 기업의 약속을 대변한다.

이런 광고들 때문에 보이콧 움직임이 일어나기도 했지만, 그 회사들의 물건을 구매하겠다고 다짐하며 지지하는 사람들이 대다수였다.

이 영리 기업들은 간단한 TV 광고로 실제로 그들이 공감을 실천할 수 있으며, 어떤 경우에는 조직 문화와 대화 방식을 변화시킬 수도 있다는 사실을 알려주었다. 그들은 인간으로서 보여줄 수 있는 최고의 모습을 보여주며, 우리에게도 친절한 사람이 되라고 촉구했다. 그러면서도 자신의 제품을 홍보하고 수익을 증대시킬 수 있었다. 기업이 공감을 핵심 가치로 수용하고 진지하게 실천한다면, 업계의 모범 사례를 만들고 공감에 대한 새로운 규범을 확립하는 데 도움을 줄 수 있는 것이다.

기업이 공감을 기반으로 하는 조직 문화를 받아들여야 하는 또 다른 이유는, 근로자들이 과거 어느 때보다 늘어난 업무 시간과 격무에 시달리고 있기 때문이다. 직장이 불만족스러우면 그들은 망설임 없이 이직을 선택할 것이다. 예를 들어, 미국인들은 일주일에 평균 50시간 가까이 근무한다. 직원들은 자신이 오랜 시간을 보내는 삶의 터전인 회사가 자신이나 고객을 제대로 대우하지 않는다는 생각이 들면 직장을 옮기려 할 것이다. 늘어난 업무 시간이 심신의 건강에 부정적인 영향을 미칠 수 있다는 사실을 차치한다면, 이것은 너무 늦기 전에 기업의 업무처리 방식을 바꿔야 한다는 경고로 봐야 한다. 사람들은 늘어난 업무 시간을 활용해 성취감을 느낄 수 있는 방법을 찾는데, 이는 직원과 가치관이 부합하고 직원을 존중하는 회사에서 훨씬 쉽게 찾을 수 있다.

잘 나가는 인재는 직장에서 조금 더 많은 시간을 보내는 대신 더 많은 선택권을 갖는다. 그들은 직원을 존중하지 않거나 고객을 함부로 대하는 업무 환경을 참지 않을 것이다. 관리자나 회사의 공감 능력이 떨어지거나 회사와 가치관이 맞지 않거나 고객을 올바르게 대하지 않는다고 느끼면, 그들은 기꺼이 직장을 옮길 것이다.

경영 컨설팅 그룹 퓨처리더나우FutureLeaderNow 공동 창립자이자 경영 파트너인 레베카 프리스 러드스커그Rebecca Friese Rodskog는 직원들이 발전할 수 있는 혁신적인 업무 환경과 문화를 어떻게 만들 수 있는지 조언한다. 업무 환경과 문화를 바꾸는 일이 이직률 감소와 생산성 향상, 고객의 브랜드 경험 개선으로 이어질 수 있다고 그녀는 강조한다. 기업이 최고의 인재를 유치하고 그들의 업무 만족도를 충족시키고 싶다면, 리더를 육성하고 공감 문화를 만들며 직원들의 핵심 가치와 일치하는 브랜드를 구축해야 한다. 기업이 직원들의 핵심 가치를 파악하지 못한다면, 유능한 직원들을 끌어들이고 유지하는 데 실패할 것이다. 기업이 직원들의 의견을 수용하지 않고 직원들의 믿음에 반하는 기업 미션을 만든다면, 그 미션은 무너져 없어질 것이다. 리더가 지위 고하를 막론한 조직 구성원들의 삶과 동떨어진 리더십을 고집한다면, 직원들은 혁신과 창의력을 결코 발휘하지 못할 것이다.

그렇다면 어떻게 해야 직원들의 관점을 이해하고, 그들의 요구를 듣고, 그들의 핵심 가치를 알아낼 수 있을까? 어떤 방식으로 직원을 채용하고, 그들에게 적절한 보상을 주며 지지를 보낼 것인가?

이 질문에 대한 답을 한 단어로 말하면, 바로 공감이다.

알고리즘과 로봇이 비즈니스 업계를 지배하는 듯한 이 시대에는 공감 능력과 같은 '소프트 스킬 soft skill(조직 내에서 리더십, 커뮤니케이션, 협상과 협력, 팀워크 등을 활성화하는 능력-옮긴이)'이 더는 필요 없다고 생각하기 쉽지만 절대 그렇지 않다. 이것이 바로 기업이 공감 문화를 도입해야 하는 마지막 이유다.

세계 최대 기업들을 위해 앞으로 다가올 기술 변화를 받아들이는 방법에 대한 조언을 하는 기술미래학자 크리스티나 컬리 Christina Kerley 의 주장에 귀를 기울여보자. 그녀는 리더와 기업이 지금 당장 공감 능력에 대한 논의를 시작해야 한다고 역설한다. 모든 자동화 과정을 감안하더라도, 이른바 소프트 스킬은 여전히 가장 중요하다. 인간을 인간답게 만드는 특별한 자질이 미래 경쟁력이기 때문이다. 로봇은 우리를 무력화하지 못한다. 오히려 로봇 때문에 인간이 가진 이 기술은 그 어느 때보다 중요해질 것이다.

누군가는 공감 능력을 고객 충성도를 높이고 수익을 올려줄 효과적인 홍보 수단이라고 생각할 수 있다. 실제로 공감형 브랜드가 고객 충성도를 높여주는 것은 사실이며, 이는 수익 증가로도 연결된다.

나는 한 글로벌 기업에서 마케팅 매니저로 일한 적이 있다. 여러 업무 중 하나가, 처음으로 치열한 경쟁을 맞닥뜨린 고객사들을 위해 소비자에게 긍정적인 브랜드 인식brand perception(소비자의 입장에서 본 브랜드의 가치나 정체성-옮긴이)을 심어주는 일이었다. 이 고객사들은 종종 지역 사회 단체와 협력하여 자선 행사나 학교 프로그램 또는 도움이 필요한 사람들을 지원하곤 했다. 나는 자비롭고 좋은 기업이라는 인상을 강하게 남길 수 있는 방향으로 그들을 이끌려고 노력했다. 그래서 그들에게 5000달러만 있으면 대형 트럭의 절반을 음식으로 채워 지역 푸드뱅크에 기부할 수 있다고 이야기했다. 내 고객사들은 굶주린 사람들을 위해 트럭을 음식으로 채우는 아이디어를 마음에 들어 한 좋은 기업들이었다. 하지만 결국 이 일은 홍보를 위한 기부였다. 언론 매체에서 악수를 요청하고 사진을 찍으니, 기업 관계자들이 무슨 영웅이라도 된 것 같았다. 고객사들이 이기적인 이유로 선행을 베푼다 하더라도, 나는 우리가 여전히 좋은 일을 하고 있다고 생각했다. 어찌 되었든 푸드뱅크에는 음식이 쌓였고 배고픈 사람들은 허기를 채울 수 있었다.

그런데 어느 날, 신이 난 현장 직원들이 있는 곳에 경영진이 나타났다. 그들은 트럭에서 짐을 내려주고 푸드뱅크 봉사자들을 격려했다. 하지만 방문의 주목적은 사진 촬영이었다. 애초에 경영진은 어마어마한 홍보 효과만 생각했지, 회사가 기부한 음식이 가져온 아름다운 결과와 많은 이들에게 미친 영향력에 진심으로 감동할 마음은 없었다. 자원봉사자들이나 후원자들과 진심 어린 관계를 맺을 계획도 없었고, 행사가 끝난 후 교대로 개별 봉사를 하거나 자선 단체와 지속적으로 협력할 생각도 없었다. 자기 안에서 공감하는 마음이 휘몰

아치리라 예상하지도 않았다. 하지만 그렇게 되었다. 그들은 그 자리에서 완전히 바뀌었다.

이기적인 이유로 선행을 베푼다고 해서 나쁜 사람이라고 할 수 있을까? 그럴지도 모르겠다. 눈에 띄게 공감을 표현하는 사업 정책이 회사 평판에 빛을 더해줄 좋은 방법이라고 생각한다면 기회주의자인가? 그럴 수도 있다. 하지만 실용주의자라면 어떤 영향력 있는 행동이 떳떳하지 못한 이유로 시작됐다 하더라도, 그 효용과 가치를 받아들이려 할 것이다. 억지로라도 온정을 베푸는 행동을 한다면 진짜 그런 마음이 뿌리내릴 수 있다. 마음속으로는 누구나 얼마든지 공감을 실천할 수 있지만, 직접 행동하지 않는다면 결코 외부 세상으로 변화의 불꽃을 터트릴 수 없다.

이 책을 읽는 모든 사람이 공감 전략을 받아들이길 바란다. 공감 전략이야말로 회사 발전에 도움이 되고 지속 가능한 궁극적인 경력 기술이다. 공감 능력이라는 빛나는 외투를 덧입고 수익률을 높여야겠다고 생각하는 사람도 얼마든지 환영한다. 필요하다면 내가 트로이의 목마가 되어 당신에게 진정한 공감의 힘을 알려주겠다.

독자들 모두가 이 책을 통해 일터에서 공감이 어떤 역할을 하는지 이해할 수 있기 바란다. 무엇보다, 진심 어린 '감정'을 어떻게 하면 긍정적인 '행동'으로 바꿀 수 있는지 알게 되길 바란다. 직급에 상관없이 모든 조직 구성원이 공감 능력을 약점이 아닌 자산으로 생각하게 되었으면 한다.

이제 진심 어린 공감이 경이로운 성공을 낳는다는 사실을 열정적으로 세상에 알릴 나의 '공감 사단'에 당신을 영입하려 한다. 현재 공감 능력이 뛰어난 기업은 드문 편이어서 시장에서 우위를 점하고 있다. 하지만 이 책에서 다룬 공감의 특성과 실천 방법은, 바라건대 곧 기업의 표준이 될 것이다.

진실하고 지속 가능한 공감 기업이 되려면 안에서 밖으로 공감을 실천해야 한다. 이는 리더가 공감하는 태도와 공감형 리더십을 받아들이는 데서 시작된다. 이런 변화는 결과적으로 리더가 만드는 사내 문화에도 영향을 미친다. 그리고 이와 같은 행동 양식은 소비자와 지역 사회를 상대하는 직원들의 일상적인 행동에 변화를 주게 된다. 즉, 공감형 브랜드라는 인상과 평판을 만들어주는 것이다.

이 책은 공감 실천의 각 요소가 어떻게 파급 효과를 일으키며 그 다음 단계로 이어지는지 쉽게 이해할 수 있도록 네 개 부분으로 나뉘어 있다.

당신이 이 책에서 얻길 바라는 것은 다음과 같다.

- 공감 능력은 기업가와 조직의 자산이라는 믿음
- 적극적으로 공감을 실천하면 사업과 브랜드에 도움이 되며, 수익성과 확장성이 높은 인프라를 구축할 수 있다는 사실에 대한 근거
- 공감형 리더가 되어 직원들의 충성도와 업무 성과가 높은 뛰어난 조직 문화를 만들게 해주는 습관과 방법
- 고객과 지역 사회 그리고 미래의 직원에게 긍정적이고 공감 능력이 뛰어나다는 브랜드 평판brand reputation을 얻을 수 있는 기업 정책

- 공감 능력을 키우고 현재 자신의 위치에서 바로 영향력을 발휘할 수 있는 확실한 행동 방침
- 진심 어린 공감이 성공을 낳는다는 사실을 널리 알리려는 마음

나는 공감 능력이 모든 사업의 중심이 되는 세상에서 살고 싶다. 개인적인 가치와 업무적인 가치가 일치하여, 더는 집과 일터에서 각각 다른 사람이 될 필요가 없는 세상 말이다.

그런 세상을 만들려면 당신의 도움이 필요하다.

지금부터 자선 단체나 비영리 기관뿐 아니라 모든 규모의 성공한 기업에서 공감 능력이 어떤 힘을 발휘하는지 목격하게 될 것이다. 최고의 자리를 지키고 있는 가장 진보적인 리더와 기업이 어떻게 공감 비즈니스 전략을 채택하고 활용하는지 살펴보고, 그 전략을 당신의 업무와 조직에 어떻게 적용할 수 있는지 알아보자.

이제 시작이다.

차례

PART 1
기업에 공감 능력이 필요한 이유

PART 2

공감형 리더로 거듭나기

PART 3

공감 문화 조성하기

PART 4
공감형 브랜드 형성하기

THE
EMPATHY
EDGE

기업에 공감 능력이
필요한 이유

◆

THE
EMPATHY
EDGE

◆

공감의 의미

공감은 표적 집단 인터뷰나 통계 분석으로 얻을 수 있는 것이 아니다.
공감은 사람들을 움직이는 동기가 무엇인지 파악할 수 있는 아주 특별하고 강력한 힘이다.
_ 세스 고딘Seth Godin, 「린치핀Linchpin」 저자이자 요요다인Yoyodyne 창립자

공감과 수금율의 놀라운 관계

크리스티나 하브리지Christina Harbridge는 아버지가 큰 병을 앓게 되었을
때 대학에 갓 입학한 신입생이었다. 아버지의 투병 생활에 보탬이 되
고자, 그녀는 돈도 벌고 아버지도 간호하고 학교에도 갈 수 있는 길
을 모색했다. 그리고 수금 대행업체에서 파트타임으로 근무하기 시
작했다. 일은 정신적으로 아주 고됐으나, 그녀는 최저 임금의 두 배를
받으며 다른 중요한 일들을 병행할 수 있었다. 완벽하진 않았지만, 그
것이 최선이라는 걸 잘 알고 있었다.

출근 첫날, 하브리지는 함께 일하게 될 동료들을 만났다. 동료들은
이제껏 만난 사람들 중 가장 친절한 편에 속했다. 그들과 함께 휴게
실에 있자니 이 일이 그렇게 나쁘지만은 않겠다는 생각이 들었다. 그
런데 모두 자리로 돌아가 전화를 걸기 시작했을 때, 하브리지는 자신
의 귀를 믿을 수 없었다. 그녀는 파일 캐비닛 앞에 서서 제대로 숨도
못 쉬며 손을 떨었다. 서로에게는 너무나 친절하고 쾌활했던 동료들
이 돈을 받아내야 하는 사람들에게는 무척 잔인하고 끔찍하게 굴었
다. 그들은 죄책감도 없이 마구 소리를 치며 사람들을 모욕하고 노골
적으로 협박했다. 낮과 밤이 바뀌듯 돌변하는 그들의 태도에 하브리
지는 소름이 끼쳤다. "그땐 많이 어렸고 솔직히 대체 이게 무슨 일인
가 싶었어요. 그 순간을 선명하게 그릴 수 있어요. 큰 충격을 받았는
지 제가 입었던 옷까지 그대로 기억난다니까요. 그때 '누군가는 사람
들을 친절하게 대하는 수금 대행사를 운영해야 해'라고 생각했죠. 우
리는 수도 없이 전화를 걸고 받았어요. 그런데 우리 전화 한 통이 사
람들의 하루를 좌지우지할 수도 있잖아요."

하브리지는 머릿속에서 이 생각을 떨칠 수 없었다.

수금 대행사에서 근무하는 동안 그녀는 회사 정책과 고객 서비스
전략을 바꿔보려 최선을 다했지만 소용없었다. 나중에는 방향을 바
꿔 수금 대행업체를 위한 소프트웨어를 개발했다. 하지만 출근 첫날
피어난 생각의 불씨는 사라지지 않았고, 결국 직접 수금 대행사를 세
워 운영하기 시작했다. 그녀는 친절함과 수금률이 밀접하게 관련되
어 있을지도 모른다고 생각했다. "제가 무슨 일을 벌이고 있는지도

몰랐어요. 하지만 우리 회사는 친절한 태도로 이 일을 해낼 거라 믿었죠. 수금을 많이 못 하더라도 사람들은 우리와 함께 일하고 싶어 할 거라고 생각했어요."

하브리지는 고객이 제때 돈을 지급하지 않을 때 기업에서 보통 최후의 수단으로 수금 대행업체에 연락한다는 사실을 정확히 알고 있었다. 그녀의 주요 고객사는 의료 서비스 업체였기 때문에 그녀를 비롯한 직원들은 병이나 통증으로 심신이 미약해진 환자들에게 전화를 걸어야 했다. 그녀는 의료 서비스 업체는 자기네를 대신해 고객에게 연락하는 사람들이 예의 바르고 정중하길 바랄 것이라고 생각했다. 그리고 그들 외에도 수금 대상 고객이 존중받길 원하는 기업들이 있을 것이라고 확신했다. 수금 전화의 가장 중요한 목적은 당장 돈을 받아내는 것이 아니라 신뢰 관계를 쌓아 사람들이 마음 편히 사실을 털어놓도록 만드는 것이라고 그녀는 믿었다. "사람들의 사정을 알아야 그들을 도울 수 있어요. 하지만 수금 대행업체 대부분은 신뢰와 책임의 관계를 구축하기보단 규정을 이행하라고 강조하죠."

하브리지의 회사는 업계의 룰을 깨버렸다. 그녀와 직원들은 매일 30분씩 동그랗게 둘러앉아 '사람들을 사랑으로 대할 수 있게' 해주는 다양한 활동을 했다. 이 훈련은 심기가 매우 불편한 사람들을 대하며 힘들게 일할 때도 직원들이 열린 마음과 공감하는 태도를 잃지 않도록 돕기 위해 고안되었다. 하브리지는 자기 자신을 속이지 않았다. 그녀는 먼저 수금 전화는 유쾌하게 걸 수도, 즐겁게 받을 수도 없는 전화라는 사실을 인정했다. 직원들이 전화를 건 이유를 설명하면,

받는 사람의 70퍼센트 이상이 (당연하겠지만) 곤란해하고 난처해했다. "생물학적으로 기분이 불쾌하면 상대방에게 공감하지 못해요. 대신 뭔가를 지적하고 싶어지죠."

누군가 당신에게 고함을 칠 때조차 상냥한 태도를 유지하려면 엄청난 훈련과 세심한 업무 체계가 뒷받침돼야 한다. 하브리지는 매일 실시할 수 있는 훈련 프로그램을 개발하여, 직원들의 자신감을 북돋우고 그들이 현재 중요하고 선한 일을 하고 있다는 사실을 일깨워주었다. 체납이 심각한 고객에게 전화를 걸 때도 직원들은 최대한 공감하는 태도를 보이려 했다.

이 전략은 상당한 효과를 거두었다. "채무자들이 돈을 갚을지 말지는 우리가 전화했을 때 그들의 기분이 어땠는지와 직접적인 관련성을 보였어요." 하브리지의 회사는 업계 평균 9.9퍼센트의 세 배가 넘는 32.2퍼센트의 수금률을 달성하게 되었다. 고객들과 서로 신뢰하고 힘이 돼주는 관계를 쌓으며 훌륭하게 업무를 수행한 결과, 직원들은 종종 감사 편지나 결혼식 초대장까지 받았다. 그녀가 웃으며 말했다. "농담으로 하는 말이 아니에요. 실제로 사무실 앞에 장난감 상자를 놓아야 했어요. 정말 많은 사람이 아이들과 함께 자기 담당 수금원을 만나러 왔거든요."

하브리지의 회사는 어떻게 성공한 것일까? 사실 이런 성공은 그녀가 공감 능력이 일터에서 어떤 힘을 발휘하는지 우연히 발견했기에 가능했다. 그리고 공감을 실천하는 것이 옳다고 생각한 덕분이었다. 그녀는 직원들에게 "친절하게 행동하세요"라고 지시하는 것이 아니라 스스로 모범을 보였다. 절차를 바꾸고 자신이 원하는 행동을 장려하는 훈련 프로그램을 개발했으며, 직원들의 성장을 돕는 사내 문화를 형성했다. 리더로서 직원들에게 꼭 필요한 지원을 매일 꾸준히 제공했다. 단순하게 총 수금액수를 따지는 것이 아니라, 직원들이 받은 감사 편지의 개수를 집계해 반영하는 새로운 보너스 체계까지 만들었다(물론 자발적인 감사 편지만 유효했으며, 직원들은 고객에게 감사 편지를 부탁할 수 없었다). 결과는 어땠을까? 대체로 수금액수가 가장 높은 직원이 감사 편지도 가장 많이 받았다.

하브리지는 채무자들이 돈도 다 갚고 직원들을 결혼식에 초대하기도 하는 이유가 회사의 리더십, 문화, 외부 브랜드external brand 평판이 모두 공감에 뿌리내리고 있기 때문이라고 생각한다. 직원들은 자신들이 연락하는 사람들과 진실한 신뢰 관계를 쌓았으며, 그들에게 진심 어린 마음을 내주는 법을 훈련받았다. "우리는 고객들에게 어디서도 받아본 적 없는 느낌을 선사했습니다. '저희는 고객님의 이야기를 제대로 듣고 이해하고 있으며, 더 알고 싶습니다. 계속 말해보세요'와 같이 말하면서요. 화가 난 고객의 말도 허투루 듣지 않았어요. 자신의 불만을 들어주고 이해해주길 바라는 고객들의 마음을 충분히 달래주었죠."

하브리지와 직원들은 친절함에 초점을 맞춘 전략이 가져다줄 효과를 전혀 예상하지 못했다. 채무자들을 모욕하고 업신여기기보다 그들에게 공감하는 태도를 보일 때 훨씬 일이 수월해진다는 사실에 오랜 경력의 수금 대행업체들도 충격을 받았다. 하브리지는 이렇게 말했다. "회사의 성공은 우연이었어요. 자신의 고객이 좋은 대우를 받길 원하는 사람들의 수요가 있다고 믿었기에 가능했죠. 덕분에 사람들에 관한 생각이 크게 바뀌었습니다."

　여러 기업의 관계자들이 하브리지에게 연락해 어떻게 그 모든 걸 이룰 수 있었는지 물었다. 정치인들조차 그녀의 비법을 알고 싶어 하며 그녀에게 조언을 구했다. 마침내 그녀는 행동 교정 컨설팅 업체 알레고리Allegory를 설립했다. 직원과 고객 그리고 둘 사이의 정서적 문해력emotional literacy을 키움으로써 기업과 그 리더들이 더 높은 성과를 달성하도록 돕는 회사였다. 즉, 불편한 대내외 상황과 감정을 맞닥뜨려도 팀이 업무를 원활히 수행할 수 있게 돕는 것이다. 덕분에 직원들은 괜찮지 않은 것도 괜찮게 넘길 수 있게 되었다. 알레고리는 '불편함도 즐길 수 있는 감정'이라고 보고, 불편함을 감수해야 조직의 성과를 개선할 수 있다고 믿는다. 알레고리의 목표는, 감정을 솔직하게 표현하고 서로의 이야기를 경청하며 매 순간 피드백이 건설적인 행동으로 이어지는 생산적인 업무 환경을 어떻게 조성할 수 있는지 기업들에 알려주는 것이다. "감정이 행동을 결정합니다. 자신을 주눅 들게 만드는 사람에게 물건을 살 사람은 없을 거예요. 그런 사람이 상사라면 직원들은 열심히 일하지 않을 테고요. 사람들은 강압적인 태도에 순응할지 몰라도 헌신하지는 않아요. 고객에게 공감하지 못하는 기업은 매출이 떨어지고, 공감 능력이 모자란 리더는 성공할 기회를 놓치게 됩니다. 이런 건 그다지 합리적인 전략이라고 볼 수 없죠."

　하브리지의 성공은 조직 내 모든 구성원이 공감 능력을 갖추게 될 때 어떤 힘이 발휘되는지 설득력 있게 보여준다. 그녀는 마음속에서 우러나오는 공감으로도 얼마든지 미수금을 회수할 수 있으며, 그렇게 해야 한다고 주장함으로써 업계의 틀을 깼다. 그리고 자신의 획기적인 접근법이 엄청난 성공의 길로 이어져 있음을 직접 증명해냈다.

조직의 공감 능력을 키우고자 하는 마음은 있지만 어디서부터 시작해야 할지 모르는 사람들은 무엇을 해야 할까? 스타트업 창업가들과 기존 글로벌 기업의 직원들은 어떻게 변화를 만들어낼 수 있을까? 우리 자신뿐 아니라 우리가 몸담은 조직, 궁극적으로는 고객에게도 이익을 가져다주는 공감 근육을 어떻게 단련시킬 수 있을까? 리더십과 조직 문화, 외부 브랜딩에서 공감의 영역을 확장해나갈 때 기업은 무엇을 얻을 수 있을까? 공감을 바탕으로 이룬 성공은 어떻게 기업을 변화시킬까? 또 어떻게 그 과정에서 구성원 모두를 더 나은 사람으로 만들어주는 것일까?

이런 질문들에 대답하기 위해선 먼저 공감이 무엇인지 알아야 한다. 공감이 우리 행동에 어떤 영향을 미치는지, 직장에서 어떻게 공감 능력을 키우고 활용해야 하는지도 살펴봐야 한다. 그래야 자기 자신과 더불어 주변 다른 사람들의 공감 능력을 발전시킬 수 있다.

공감이란 무엇인가?

각자의 경험에 따라 최소한 무엇이 공감이고 무엇이 아닌지 정도는 알고 있을 것이다. 그런데 공감 능력이 어떻게 형성되고 우리 삶에 어떤 영향을 미치는지 알아보기 전에, 우리가 공감을 똑같은 뜻으로 이해하고 있는지 확인해볼 필요가 있다. 공감은 연민 또는 동정과 같은 개념일까?

'연민sympathy'이라는 단어는 동류의식fellow-feeling을 뜻하는 그리스어 심파테이아sympatheia에서 유래한 것으로, 1500년대 중반에는 타인과 조화를 이룬다는 의미에 가까웠다. 하지만 지금은 '가엾음', '측은함' 또는 '불행을 겪고 있는 누군가를 향한 슬픔'이라는 뜻을 담고 있다. 몇백 년 뒤에 생겨난 '공감empathy'이라는 단어는 반드시 똑같은 경험을 하지 않았더라도 그 느낌을 적극적으로 상상하며 느끼는 감정을 말한다. 반드시 그런 것은 아니지만, 심지어 타인의 감정을 내 것처럼 느끼는 경우도 있다. 즉, 다른 사람의 처지에서 생각하는 것이다.

비즈니스 컨설턴트이자 임원 코치로 '식센스 공감 모델Sixense Empathy Model™'을 만든 퍼리사 베니아Parissa Behnia는 공감과 연민의 차이를 이렇게 설명한다. "공감은 그 사람이 어떻게 그 감정에 이르게 되었는지를 주의 깊게 살핍니다. 반면, 연민은 눈앞에 보이는 상황으로만 판단합니다. 연민은 그가 어떤 과정을 거쳐 현재 상황에 이르렀는지 개의치 않아요. 지금 이 순간의 결과에만 집중하죠. 하지만 공감은 결과뿐 아니라 그 과정도 이해하려 합니다."

누군가에게 공감하기 위해 특정 상황을 직접 겪어볼 필요는 없다. 그저 일련의 과정들을 이해하고 존중하면 된다.

다음으로 공감과 '동정compassion'의 차이를 짚어보자. 두 단어는 자주 혼용되며 비슷한 개념을 나타내지만, 완벽한 동의어는 아니다.

공감은 인지, 욕구 혹은 사고방식이다. 공감은 누군가의 입장이 되어 그들의 상황 또는 삶이 어떨지 상상하는 것과 관련이 있다.

이에 비해 동정은 행동, 결정 혹은 반응이다. 동정은 주로 다른 사람이나 집단에 선의를 베푸는 것과 연관되어 있다.

일상에서 동정을 베풀도록 격려하는 국제기구 컴패션잇Compassion It 창립자 겸 총책임자이자 스탠퍼드대학Stanford University의 자비 명상 프로그램Compassion Cultivation Training 강사인 새라 샤이러Sara Schairer는 동정의 행동이 공감 혹은 연민으로 촉발될 수 있다고 말한다. 그녀는 다음과 같이 설명했다. "동정은 공감과 연민에서 한 단계 더 나아갑니다. 동정심이 많은 사람이라면 타인의 고통을 함께 느끼거나(공감), 그 사람이 괴로워한다는 사실을 인지할 것입니다(연민). 그런 다음, 현 상황에서 그 사람의 고통을 덜어주려 최선을 다할 것입니다."

나는 공감은 동력이며, 동정은 공감의 결과 혹은 표현이라고 생각한다. 하지만 동정이 공감에서 비롯되는 경우도 있지만, 반드시 그런 건 아니다.

돈을 구걸하는 여성 노숙자를 지나쳐가는 중산층 사무직 근로자를 떠올려보자. 이 사람이 여성에게 돈을 준다면 동정을 베풀었다고 볼 수 있다. 도움을 청한 사람에게 도움을 주었기 때문이다. 더 자세히 분석하자면 그 행동은 공감에서 비롯되었을 수 있다. 본인이나 가족에게 노숙자 생활 경험이 있거나, 전직 군인으로서 퇴역 군인들의 노숙이 증가하고 있다는 뉴스를 봐서 그런 행동을 했을지도 모르는 것이다. 혹은 단순히 집이 없다면 얼마나 큰 스트레스를 받을까 상상해봤을지도 모른다. 이때는 돈을 주는 것이 공감에 근거한 동정의 행동이다. 하지만 다른 경우도 가능하다. 이 사람은 단지 그동안 이 여성 노숙자를 지나치기만 하고 도움을 주거나 측은히 여기지 않은 것에 대해 죄책감을 느꼈을 수도 있다. 또 하루의 시작이 찜찜해지는 것을 참을 수 없어 돈을 주고 빠르게 해결하려 했을 수도 있다. 이때 그는 여성 노숙자의 처지에서 생각하려는 노력 없이 기계적으로 동정을 베푼 셈이다.

수잔 스핀라드 에스털리Susan Spinrad Esterly 박사는 20년 넘게 심리학을 연구해오고 있다. 그녀는 리더들 사이에서 인문학적 가치가 유행하기 전부터 마음챙김, 공감, 동정 등을 강조했던, 전 세계 몇 안 되는 학교 중 하나인 트랜스퍼스널 심리학연구소Institute of Transpersonal Psychology 교수 출신이다. 그녀는 선한 의도가 없는 공감은 사람들을 조종하는 쪽으로 악용될 수 있다고 주장한다. "전 동정이 공감보다 더 큰 개념이라고 봐요. 동정은 그 마음에 '사랑'이 담긴 것과 같거든요. (······) 타인에게 공감하려면 그들이 무엇을 보고, 겪고, 느끼는지 생각해봐야 합니다. 이상하게 들리겠지만, 최고의 사기꾼들은 사람들의 배경을 파악한 후 이를 이용해 그들의 마음을 움직인다는 측면에서 굉장히 공감 능력이 뛰어나다고 볼 수 있습니다."

공감과 동정이 구분되는 개념이라고 해도 여전히 논란의 여지가 있다. 공감의 다양한 정의는 뉴욕 양키스New York Yankees와 보스턴 레드삭스Boston Red Sox 팬들 간의 싸움처럼 격한 논쟁을 불러일으킨다. 과학자들과 철학자들은 공감의 정확한 의미, 현대적 삶과의 관련성, 사회적 기능 등에 대해 끊임없이 격론을 벌이며 흥미로운 수수께끼들을 풀어내고 있다. 이 책의 목적인 공감의 기능을 설명하기 전에 몇몇 전문가들의 의견을 살펴보자.

논란의 책 『공감의 배신Against Empathy』의 저자인 심리학자 폴 블룸Paul Bloom 박사는 공감을 이렇게 정의한다. "공감은 다른 사람의 눈으로 세상을 경험하는 행위입니다. 당신의 고통이 나를 괴롭게 한다면, 내가 느끼는 감정을 당신도 느낀다면, 그것이 바로 공감이지요." 그는 전적으로 정서적 공감에 기반을 둔 행동은 매우 근시안적이며 지속 가능하지 않다고 생각한다. 그의 주장에 따르면, 정서적 공감은 때때로 그로부터 비롯된 행동의 장기적인 영향을 냉정하게 가늠하는 힘이나 특정한 상황에서 이성적으로 판단하는 힘을 저해한다.

좀 더 자세한 설명을 위해 블룸 박사는 대니얼 벳슨C. Daniel Batson과 그 동료 학자들의 연구를 인용한다. 피실험자들은 불치병을 앓고 있는 열 살 소녀 셰리 서머스가 통증 완화 치료를 받기 위해 병원에서 대기 중이라는 이야기를 듣게 되었다. 곧이어 어떻게 해야 할지 묻자, 그들은 셰리보다 치료가 더 시급한 아이들도 있으므로 순서를 기다려야 한다는 공정한 판단을 내렸다. 하지만 셰리의 감정을 상상해보라고 하자, 그들은 치료가 시급한 다른 아이들보다 셰리를 더 중요하게 생각하며 대기 목록에서 그녀의 이름을 앞쪽으로 옮기려고 했다.

블룸 박사는 이런 경향에 대해 다음과 같이 설명한다. "공감은 관심과 도움이 필요한 곳에 스포트라이트를 비추는 것과 같습니다. 스포트라이트는 반경이 좁을 수밖에 없지요. 이게 바로 공감의 문제예요. 도움이 필요한 사람들은 많습니다. 그런데 특정인에 대한 공감이 개입되면 다른 이들을 향한 손길이 분산되거나 한발 늦게 되는 경우가 대부분입니다. 그 영향은 정확히 계산하기도 어렵습니다. 지금 여기서 누군가를 도와주는 행위가 미래에 더 큰 고통을 초래할 수도 있는 세상에서 공감은 순기능을 발휘하기 힘들어요.”

여기서 짚어야 할 점은 블룸 박사를 포함한 오늘날의 학자들이 ‘동정’을 반대하지 않는다는 사실이다. 그들은 무심한 사람들이 아니다. 다만, ‘공감’보다 친절과 도덕이 더 중요하며, 공감의 순기능과 역기능을 모두 고려해야 한다고 주장할 뿐이다. 블룸 박사는 정서적 공감, 다시 말해 오로지 감정에 기대 모든 결정을 내리지 말라고 경고하는 것이다. 이런 결정이 논리와 사실 또는 과학을 무시하거나 비난하는 행동으로 이어질 수 있기 때문이다. 실제로 이런 일은 현재 우리 사회에서 너무 자주 발생하고 있다.

한편, 대다수의 고대 철학자와 현대 사상가는 어떤 형태의 공감이건 인간이 생존하고 세상을 더 나은 곳으로 만드는 데 꼭 필요하다고 생각한다. 저서 『종의 기원On the Origin of Species』과 적자생존 개념으로 가장 유명한 찰스 다윈Charles Darwin 조차 협력cooperation 과 상호성reciprocity 이 진화적 성공에 경쟁만큼 중요한 요소라고 강하게 주장했다. 다윈은 『인간의 유래The Descent of Man』에서 “동정심이 강한 사람들이 가장 많은 공동체를 발전시켜 가장 번영하게 하고 가장 많은 후손을 키우게 될 것이다”라고 썼다. 이때 다윈은 동정심이라는 단어를 현재 우리가 쓰는 공감의 의미로 사용했다.

사실, 다윈이 등장하기 전까지 동정과 공감은 구분 없이 쓰였다. 사회과학자 로먼 크르즈나릭Roman Krznaric의 저서 『공감: 진심으로 움직이게 만드는 힘Empathy: Why It Matters, and How to Get It』에 따르면, 공감을 언급한 초기 문헌들은 그 감정을 묘사할 뿐 직접 공감이라는 단어를 사용하지 않았다. 18세기에 활동한 스코틀랜드 출신의 정치경제학자 애덤 스미스Adam Smith는 『국부론The Wealth of Nations』에서 사회 발전의 촉매제로서 이기심을 옹호했다. 그런 이유로 그는 영화 「월스트리트Wall Street」에서 사악하게 그려진 '탐욕은 옳고 효과적인 것'이라는 경영철학의 아버지로 알려져 있다. 하지만 놀랍게도 초기작 『도덕감정론The Theory of Moral Sentiments』에서 그는 공감의 의미를 탐구했다. 크르즈나릭에 따르면, 스미스는 이 책에서 동정이라는 단어를 사용하긴 했지만 "인간은 타인의 입장에서 생각하는 능력을 타고난다"라고 주장했으며, 이를 "입장을 바꿔 고통받는 사람의 처지를 상상하는 일"이라고 설명했다.

이렇게 학자들은 수백 년 동안 공감의 정의와 특성, 의의에 대해 논쟁을 벌여왔다. 이런 점을 생각하면, 공감이 오늘날 뜨겁고 혼란을 불러일으키는 화두가 된 건 당연한 일이다.

지금도 공감에 대한 많은 이견이 존재하지만, 그 격차는 미미하다. 최근 들어 정치, 과학, 경제, 예술 분야의 여러 저명인사들이 공감의 현대적 의미를 고찰하며, 현대 문화에서의 공감의 중요성을 강조하고 있다. 일례로, 한 대학 졸업식 축사에서 버락 오바마는 졸업생들에게 다음과 같이 촉구했다. "굶주린 아이들, 해고된 철강 노동자들, 마을에 불어닥친 태풍으로 이제껏 가꿔온 삶의 뿌리를 잃어버린 이웃들 등 우리와 다른 사람들의 눈으로 세상을 바라보십시오. 그렇게 할 때, 즉 당신의 관심 영역을 넓히고 가까운 친구든 전혀 모르는 사람이든 상관없이 곤경에 처한 이들에게 집중할 때, 비로소 그들을 위해 행동하고 그들을 도울 수 있습니다."

작가이자 리더십 전문가인 사이먼 사이넥Simon Sinek은 공감 능력이 성공적인 리더십의 필수 조건이라고 강조한다. 그는 공감을 타인의 감정을 인지하고 나누는 힘이라고 정의하며, 리더가 갖추어야 할 가장 중요한 덕목으로 꼽는다.

일부 전문가들은 공감이 위험하며 부정적인 영향을 끼친다고 주장하지만, 다양한 분야에서 인정받고 있는 과학자들과 리더들은 대부분 유익할 뿐 아니라 사는 데 필수적이라고 강조한다. 철학자들은 여전히 공감이라는 단어를 매우 다양한 의미로 사용하고 있는 듯하다. 실제로 이 책을 위해 인터뷰한 사람들은 모두 개인과 기업 차원에서 공감이 무엇을 뜻하는지 조금씩 다르게 해석했다. 하지만 공감에 대한 그들의 정의에는 다음과 같은 확실한 공통점이 있었다.

- 다른 사람의 시선으로 세상을 바라보는 것
- 다른 사람이 생각하는 진실 또는 현실을 경험하기 위해 차이를 뛰어넘는 것
- 어떤 상황, 과정, 사람을 충분히 이해하고 세심하게 관찰하여 당신의 이해가 부족할 때보다 그 상황, 과정, 사람이 더 나아지도록 노력하는 것
- 불편함을 섣불리 고치려 하지 않고 감수하는 것

- 다른 사람에게 무슨 일이 벌어지고 있는지 관심을 가지는 것
- 모두가 최선을 다해 애쓰고 있다는 사실을 인지하고 이를 가슴에 새긴 채 사람들과 소통하며 세상을 살아가는 것

공감의 핵심은 행동이다

공감에 관한 다양한 해석에는 외부 시선에 대한 이해와 소통의 욕구 등이 공통적으로 얽혀 있다. 뉘앙스의 차이가 있기는 하지만, 존중과 세심한 배려, 감정 공유라는 개념이 이들을 하나로 묶어준다.

앞서 언급한 감정에 관한 부정적인 이야기 때문에 혼란스러운가? 곧 정리가 될 테니 걱정하지 않아도 된다. 먼저 당신의 회사가 공감 전략을 수용해야 하는 이유는 크게 두 가지로 꼽을 수 있다.

첫째, 이성적이고 합리적인 의사결정 능력을 저해하지 않으며, 오히려 사업에 도움이 되는 공감이 있다. 사회심리학은 공감을 정서적 공감emotional empathy과 인지적 공감cognitive empathy이라는 두 가지 유형으로 구분한다. 정서적 공감은 타인의 감정을 느끼는 것을 의미한다. 말그대로 타인의 공포, 분노, 불안, 흥분과 같은 감정들을 모두 자기 자신에게 일어난 것처럼 느끼는 것이다. 공감이라고 하면 많은 이들이 떠올리는 개념이 바로 이것이다. 거울 신경세포mirror neuron(특정 행동에 대한 관찰만으로 직접 그 행동을 할 때처럼 활성화되는 신경세포-옮긴이) 연구에 따르면, 정서적 공감은 인간과 동물의 타고난 특성이다.

반면 인지적 공감은 타인이 세상을 어떻게 바라보는지 이해하는

태도다. 이 유형의 공감은 블룸 박사와 그 외 여러 학자들이 아무런 문제 제기 없이 수용하는 개념으로 감정의 부정적 영향을 받지 않는다. 인지적 공감이 가능하게 하는 역지사지의 자세는 문제 상황에서 당신이 보일 반응에 인지적으로 영향을 미친다. 따라서 대부분 동정을 베푸는 방향으로 문제를 해결하게 되는데, 이런 경향은 기업의 선한 영향력을 증대시키고 브랜드 이미지를 제고하는 긍정적인 결과로 돌아온다.

둘째, 정서적 교감과 스토리텔링, 경험이 현재 비즈니스 트렌드를 이끌고 있다. 2017년에 포브스닷컴Forbes.com에 실린 한 기사에 따르면, "오늘날과 같은 브랜드 경험brand experience (소비자가 제품을 구매하고 소비하는 과정에서 겪는 느낌이나 경험-옮긴이)의 시대에는, 감성적 관여가 성과를 내는 데 점점 더 중요해지고 있다. 그리고 이런 움직임의 핵심에 효과적인 스토리텔링과 디지털 마케팅이 있다." 공감은 감성적 관여 유발에 큰 역할을 할 수 있다.

기업의 성공에 공감이 얼마나 중요한지는 경영 컨설팅사 피어스 컨버세이션스Fierce Conversations가 잘 보여준다. 시애틀에 있는 이 회사는, 솔직하고 내실 있는 대화를 통해 우선순위를 명확히 하고 비용을 절감해 고객사가 수익을 끌어올릴 수 있도록 돕는다. 높은 이직률과 낮은 생산성 또는 목표 상실로 대표되는 기업 문제는 대개 비효율적인 대화에서 비롯된다는 것이 이 회사의 지론이다. 효과적인 대화는 상대방에게 공감하고 서로의 상황을 이해하는 능력에 뿌리를 둔다.

피어스 컨버세이션스는 교육과 소통 면에서 기업 운영의 어려움을 겪는 고객사에 놀라운 결과를 가져다주었다. 대표이사 스테이시 엔글Stacey Engle은 이렇게 말했다. "우리는 소프트 스킬에 집중하는 회사로 분류되었고, 어떤 측면에서는 여전히 그렇게 분류될 수 있습니다. 하지만 사실 의사소통 기술은 하드 스킬입니다. 무엇을 어떻게 이야기할지, 대화 테이블에 누구를 초대할지에 따라 어떤 일이 벌어질 수도, 벌어지지 않을 수도 있죠. 기업은 '팀이 실제로 겪고 있는 업무상 어려움은 무엇입니까?'와 같은 질문에 답하고 직원들의 의견에 기꺼이 귀를 기울여야 합니다. 마감일을 어기거나 판매량이 떨어지거나 작업을 반복하는 등의 문제는 반드시 공감과 의사소통의 결여와 관련되어 있습니다. 게다가 이런 문제들은 전체 매출과 순이익에 실제로 영향을 미칩니다."

이제 나는 공감을 다음과 같이 정의하려 한다.

- 타인의 관점에서 세상을 보고, 이해하고, (필요하다면) 느끼며, 더 나아가 그 정보를 활용해 동정을 베푸는 방향으로 행동하려는 의지이자 능력

행동이 핵심이다. 공감하는 마음이 개인의 행동과 내부 관행, 외부 거래에 어떤 영향을 미치는 일은 행동이 따를 때만 가능하다. 단순히 공감의 감정을 느끼거나 공감을 주장하는 것으로는 부족하다. 기업과 그 구성원들이 공감을 바탕으로 '행동해야' 한다.

행동은 공감을 정의하는 수많은 말들이 놓친 핵심 요소다. 공감은 동정을 베푸는 행동을 낳으며, 이 행동이 기업을 성공으로 이끈다.

자네트 존슨Zanette Johnson 박사도 이에 동의한다. 그녀는 스탠퍼드대학에서 학습 과학과 기술 디자인 박사 학위를 받은 숙련된 디자이너이자 경영 컨설턴트, 신경과학자, 마음챙김 명상 전문가다. "공감을 정의하는 많은 말들이 근본적으로 불완전한 것 같습니다. 생각에만 초점을 둔 채 행동 경험은 물론 본질까지 놓치고 있기 때문이죠. 제 생각에 공감은 행동과 결합하여 동정이 되는 것이에요."

확실하게 짚고 넘어가자. 공감하는 기업이 된다는 것은 요구 사항을 들어주거나 단순히 직원·고객·동료가 원하는 대로 해주는 일을 의미하지 않는다. 그건 공감이 아니라 굴복이다. 공감은 맹목적 동조가 아닌 상호작용, 궁극적으로는 행동 또는 정책으로 이어지는 사고방식에 더 가깝다.

기업이 공감을 실천한다고 해서 시장에서 힘없는 위치를 차지하게 되지는 않는다. 기업은 공감 능력과 경쟁력 둘 다 갖출 수 있다. 사실, 공감을 최우선 가치로 두는 기업은 그렇지 않은 기업보다 훨씬 더 탄탄한 브랜드를 만들 수 있다. 훌륭한 브랜드 메시지에는 공감이 스며들어 있다. 이는 상품이나 서비스를 판매하는 기업이 고객의 감정과 필요, 욕구를 완전히 이해한다는 인상을 준다. 공감에 집중하는 브랜드는 고객과 지속적이고 끈끈한 관계를 맺을 수 있다. 앞서 소개한 크리스티나 하브리지의 수금업체 이야기에서 보았듯, 공감을 통해 실질적인 수입과 강력한 성과로 이어지는 관계를 쌓을 수 있는 것이다.

상대가 대우받고 싶어 하는 대로 대하라

우리는 공감을 '자신이 대우받고 싶은 대로 상대를 대하라'는 황금률Golden Rule에 비추어 생각하는 경우가 많다. 참으로 온정적인 말이다. 하지만 여기엔 문제가 있다. 바로 모든 사람이 똑같이 생각하거나 느끼지는 않는다는 사실이다. 우리는 모두 서로 다른 경험과 마음, 관점으로 상황을 바라본다. 대우받고 싶은 대로 상대를 대한다는 말은 모든 사람의 취향이 보편적 혹은 일률적이라고 가정하는 것과 다름없다. 이는 좋은 태도가 아니다.

경영 컨설팅사 디엠퍼시비즈니스The Empathy Business의 창립자이자 CEO이며 '글로벌 공감지수Global Empathy Index'를 만든 벨린다 파마Belinda Parmar는 이런 문제의 핵심을 아주 멋지게 표현한다. "당신이 대우받고 싶은 대로 사람들을 대해야 한다는 원칙에 따른 행동의 출처는 바로 당신 자신입니다."

공감 능력을 더 잘 발휘하려면 백금률Platinum Rule로 알려진 '상대가 대우받고 싶어 하는 대로 대하라'는 말을 따르면 된다. 황금률을 뒤집은 백금률은 우리가 타인의 관점에서 사물을 바라본 다음 옳은 행동 방침을 선택하도록 한다. 이 책에서 이야기하는 공감의 정의와 일맥상통하는 셈이다.

대니얼 H. 핑크Daniel H. Pink는 저서 『드라이브: 창조적인 사람들을 움직이는 자발적 동기부여의 힘 Drive: The Surprising Truth about What Motivates Us』에서 성과를 가져다주는 최고의 방법에 관한 낡은 신화를 산산조각 낸다. 몇십 년 전에는 어디에서나 적용되는 '당근과 채찍' 전략으로 업무 효율성을 높일 수 있었지만, 복잡한 현대 경제 체제와 현시대에 필요한 기술은 새로운 원동력을 요구한다. 에이브러햄 매슬로Abraham Maslow를 비롯한 위대한 사상가들은 모든 인간이 자극에 동일한 반응을 보인다는 가설에 의문을 제기했다. 핑크는 자신의 책 전반에 걸쳐 이를 뒷받침하는 논문과 사례 연구를 인용하며, 사람마다 동기부여 요소는 각각 다르고, 급여 인상과 같은 획일적 보상이 모두에게 항상 똑같은 방식으로 동기를 유발하지 않는다는 사실을 보여준다. 몇몇 사례들을 보면, 놀랍게도 경제적 보상이 역효과를 일으키기도 한다. 타고나기를 의욕이 넘치고 창의적인 사람들에게는 업무 자율성과 장악력, 목적의식이 훨씬 더 효과적인 동기부여 요소가 되며, 이를 적절히 활용하면 깜짝 놀랄 정도로 생산성과 사업 수익을 높일 수 있다.

개인의 변화가 조직을 바꾼다

인간은 어려움을 겪는 모든 이를 도울 수 없거나 문제를 단번에 해결할 수 없다는 생각이 들면 시도조차 하지 않는 경향이 있다. 이는 장기적인 도전 과제를 비생산적으로 바라보는 태도이며, 전문가들이 잘못된 무력감, 즉 '유사 무력감pseudo inefficacy'이라고 일컫는 개념이다. 유사 무력감은 작은 행동들이 가져올 눈덩이 효과snowball effect를 무시하고 책임을 회피하는 데 좋은 핑계를 제공한다. 기업은 모두를 도울 순 없더라도 여전히 많은 직원과 고객을 위해 옳은 일을 할 수 있다.

오리건대학University of Oregon의 심리학자 폴 슬로빅Paul Slovic 박사는 집단의 고통 혹은 잔혹 행위에 사람들이 둔감하게 반응하는 이유를 오랫동안 연구해왔다. 그의 연구에 따르면, 인간의 마음은 수백만 혹은 수십억 명의 개개인을 떠올리지 못할뿐더러 그들에게 공감하지도 못한다. 그의 자료들을 보면, 숫자가 너무 클 때 우리는 사람을 기계적으로 인식해 그들이 처한 특수한 상황에 대해 아무런 감정을 느끼지 못한다. 그는 이를 '정신적 마비psychic numbing'라 부른다.

사업가든 대기업 직원이든 많은 사람이 이런 일을 겪는다. 보통 사업을 하는 사람은 성공하려면 말 그대로 공감이나 인간관계가 끼어들 자리를 내주지 않고 '게임에 임해야 한다'고 생각한다. 업계의 방식을 바꾸는 것은 너무 벅찬 과제이며, 자신이 노력한들 업계의 규범을 뒤흔들 만한 변화를 일으키지 못할 것이라 생각한다. 버진 그룹Virgin Group의 창업자이자 회장인 리처드 브랜슨Richard Branson, 허핑턴 포스트The Huffington Post 미디어그룹의 회장이자 편집장인 아리아나 허핑턴Arianna Huffington, 사우스웨스트 항공Southwest Airlines의 공동 창립자이자 CEO인 허브 캘러허Herb Kelleher 등 업계 규범을 깨부순 이단아들의 이야기에 사람들이 열광하며 엄청난 영감을 받는 것은 이 때문이다.

다양한 직업군 가운데 특히 대기업 직원들은 협력보다 치열한 경쟁을 중시하는 경직된 기업 문화를 개선할 수 없다고 생각하며, 오해가 두려워 직장에서 온전한 자신의 모습을 드러낼 수 없는 상황에 자주 무력감을 느낀다. 그들은 앞에 서서 꿈쩍도 하지 않는 거대한 괴물을 마주하고 있다. 그리고 이 다윗과 골리앗의 싸움에서 스스로를 지키는 최고의 방법은 조직을 바꾸려 하기보다는 조용히 그곳을 떠나는 것이라고 생각한다.

당신이 지금 어디에 있든 이 책이 변화를 만들어낼 방법과 기술을 전해줄 수 있길 바란다. 기업에 관한 생각의 변화가 더 큰 문화를 바꿔놓을지도 모른다. 이 책에서 당신은 이미 공감을 실천하며 변화를 위해 싸우고 있는 혁신적인 기업들과 리더들을 만나게 될 것이다.

앞으로 Part 2에서는 공감하는 태도를 받아들인 리더가 어떻게 충성도와 생산성, 최고의 성과를 유도하는 방향으로 기업을 경영하고 직원들을 이끌 수 있는지 설명할 것이다. 주위 사람들에게서 최고의 결과를 이끌어낼 수 있도록 해주는 공감 근육 강화 전략과 기술도 탐구할 것이다. 스스로를 공감적인 사람이라고 생각하지 않더라도 가능하다. 사실 공감하는 행동을 장려하는 기업 문화가 확고하게 조성되면 지금보다 더 공감적인 사람이 될 수 있다. 앞서 언급한 에스털리 박사는 환자들을 치료한 경험을 바탕으로 이렇게 말한다. "자폐증이 있거나 그런 성향으로 사회적 신호를 파악하기 어려운 사람들의 행동 교정에 큰 도움이 되는 방법이 있습니다. 바로 공감적인 사람들이 하는 행동을 적어놓은 목록을 암기하고 직접 따라 하는 것입니다. 처음부터 마음에서 우러나오는 행동은 아니더라도 긍정 강화가 주기적으로 발생하게 되는 것이죠. 긍정 강화가 계속 이어지면 기계적으로 따라 한 행동들도 점차 몸에 새겨지고 내재화됩니다." 이렇게 행동하기 시작하면 내면에서 근본적인 변화가 일어나기 마련이다. 그녀는 다음과 같이 덧붙인다. "마찬가지로, 사람들 혹은 기업들이 행동에 변화를 주기 시작한다면 세상으로부터 전혀 다른 피드백을 받게 될 것입니다."

Part 3에서는 외부 브랜드에 영향을 미치는 온정적인 행동을 실천하려면 내부 조직 문화와 여러 절차를 어떻게 바꿔야 하는지 보여준다. 즉, 여기서는 공감 문화에 관해 살펴볼 예정이다. 현재의 기업 문화를 절대 바꿀 수 없을 것이라는 생각이 들지 모르지만, 조직 내 절차도 사람이 만든 것이므로 얼마든지 수정하고 개선할 수 있다. 공감과 같은 소프트 스킬을 기분이나 감정 수용력에 구애받지 않고 실천하도록 사내 정책으로 명문화하거나 보상 체계에 포함시킬 수 있는 것이다. 슬로빅 박사는 인간의 감정과 관련된 절차와 정책을 만들자는 이런 아이디어에 대해 이렇게 말한다. "세금 제도와 비슷하게 하면 돼요. 우리는 개인의 느낌에 근거해 세금을 얼마나 내야 하는지 정하지 않습니다. 사람들의 성실함과 의무감에 기대 정하지도 않고요. 그렇게 할 수도 없습니다. 이건 도덕적 위기에 대처하는 것과 같은 문제라고 생각합니다. 신중하게 생각하고 문제의 크기를 제대로 인지한 후, 순간적인 기분이나 느낌에 휘둘리지 않는 법과 제도를 만들어야 하니까요."

효과적인 리더십과 기업 문화가 어우러져야 사람들의 타고난 공감 능력이 뿌리내릴 수 있는 비옥한 땅이 만들어진다. 이러한 환경이 조성되면 기업의 외부 브랜드는 사람들에게 더 많은 호응을 얻을 수 있게 된다. 호의적인 외부 평가는 기업을 차별화하고 더 많은 고객을 끌어당기며 충성도와 긍정적인 입소문을 유발하는 데 도움을 준다.

마지막으로 Part 4에서는 공감형 브랜드를 형성하는 방법을 살펴보고, 그 결과로 얻을 수 있는 이익에 관해 이야기한다. 조직의 DNA에 공감을 주입하여 진실하고 진정성 있는 기업으로 거듭날 수 있는 다양한 방법을 탐구할 것이다.

이제 먼저, 조직에 공감을 싹틔우는 것이 어떻게 당신의 성장과 성공에 도움이 되는지 자세히 살펴보자.

체크포인트

◆ **공감이 무엇인지 정확히 파악해야 한다:** 공감이란 다른 사람의 입장에 자기 자신을 대입하여 타인의 감정 상태를 이해하는 것이다. 비슷한 경험을 해봤거나 타인이 처한 환경이 어떤지 상상할 수 있기에 가능하다. 공감은 타인의 감정적 고통을 인지하는 연민과 행동을 기반으로 하는 동정과는 다른 개념이다.

◆ **공감의 핵심은 행동이다:** 공감이 성공을 불러올 수 있는 이유는 그것이 타인의 감정을 이해하고, 더 나아가 긍정적 행동을 하고자 하는 의지로 이어지기 때문이다. 공감적인 사람이 된다고 해서 사업에 필요한 이성적이고 합리적인 의사결정 능력이 사라지는 건 아니다. 공감하는 기업이나 리더가 된다고 해서 모든 요구 사항을 들어줘야 하는 건 아니다. 공감하는 기업이 시장에서 힘없는 위치를 차지하게 되는 것도 아니다. 기업은 공감 능력과 경쟁력 둘 다 갖출 수 있으며, 오늘날은 공감 능력을 갖추었을 때 성공할 가능성이 더 커지는 시대다.

◆ **이제 황금률이 아닌 백금률을 따르자:** 공감은 맹목적 동조가 아닌 상호작용, 궁극적으로는 행동 또는 정책으로 이어지는 사고방식이다. 모든 사업 관계에서 백금률을 따르도록 하자. '상대가 대우받고 싶어 하는 대로 대하라.'

공감 능력이
비즈니스에 미치는 영향

우리는 세상을 이해하는 태도인 공감을 제대로 활용하지 못하고 있다.
_ 제인 풀턴 수리 Jane Fulton Suri, 아이데오IDEO 명예 파트너이자 디자인 총괄 이사

이제 핵심적인 문제로 들어가 보자. 공감 능력은 기업에 어떤 이익을 가져다주는가? 공감 능력이 단순히 있으면 좋은 요소 또는 사내 관계 개선 차원에서 직원들이 추구해야 할 일종의 태도라고 생각하는 사람도 있다.

이런 이들은 공감 능력과 그 영향력을 제대로 파악하지 못한 것이다. 사실 공감 능력은 고객 충성도부터 기업 혁신 및 수익성까지 모든 영역에 직접적으로 영향을 미친다. 공감 능력이 가져다주는 다양한 효과에 대해 자세히 살펴보자.

공감은 어떻게 혁신을 일으키는가

2000년대 초반부터 2010년대 중반까지 마이크로소프트Microsoft는 애플Apple을 비롯한 업계의 신흥 강자들에게 시장 점유율을 빼앗기고 있었다. 많은 부문에서 여전히 높은 수익을 내고 있었지만, 브랜드 가치는 점점 빛이 바랬다. 윈도우 비스타Windows Vista로 큰 실패를 맛본 후 소셜 미디어 서비스뿐 아니라 검색 기술 개발에도 뒤처졌다. 마이크로소프트라는 브랜드는 한때 혁신의 대명사였으나, 이제 더는 그렇게 보이지 않았다. 다른 기술 기업들이 와해성 기술disruptive technology(업계를 완전히 재편성하는 파괴적인 기술이나 신제품-옮긴이)을 선보이며 디지털 문화를 선도할 기회를 잡고 창의력과 혁신 증진을 위해 유능한 인재들을 영입하는 동안, 마이크로소프트는 관료주의의 굴레에서 벗어나지 못했다.

이 현상은 조직 문화에도 고스란히 반영됐다. 직원들은 톱니바퀴 속의 톱니가 된 기분이었다. 나의 남편을 비롯하여 이 시기에 마이크로소프트에 다녔던 동료들과 친구들은 수시로 바뀌는 정책과 혼란만 가득한 조직 문화에 숨 막히는 고통을 느꼈다. 팀과 부서가 거의 6개월마다 바뀌었고, 직원들은 다음 부서 개편 때까지도 자기가 맡은 업무와 역할을 제대로 이해하지 못했다. 불안정한 회사 분위기로 마이크로소프트는 시장의 수요 변화에 제대로 대처할 수 없었다. 기업으로서 시장에 일정 부분 기회와 혜택을 제공한 것은 사실이지만, 고객들이 무엇을 원하는지 그리고 직원들이 무엇을 필요로 하는지 파악하는 통찰력을 잃어버리고 말았다.

다행히 마이크로소프트는 더 늦기 전에 무엇이 문제인지 깨달았다. 2014년에 스티브 발러Steve Baller가 CEO직을 내려놓았고, 그 뒤를 이어 사티아 나델라Satya Nadella가 세 번째 CEO로 취임하면서 부활이 시작되었다. 나델라는 그때까지 온라인 서비스 연구 개발 부문 수석 부사장과 영업 부문 부사장을 역임하며, 오랫동안 회사의 리더로 근무해왔다. 그는 고객 서비스부터 클라우드 인프라 및 서비스에 이르는 마이크로소프트의 사업 모델과 기업 문화를 대대적으로 바꾸었고, 마침내 IT 업계의 새로운 동향을 따라잡았다. 회사 사업 단위를 수십억 달러로 성장시킨 것 역시 유명하다. 그는 마이크로소프트라는 배를 완전히 새로운 방향으로 이끌었다. 그의 리더십 전략의 핵심은 바로 공감이었다.

나델라는 공감이 혁신의 동력이라고 확신한다. 소비자가 자사 제품에 어떻게 반응하는지, 성공하려면 무엇이 필요한지 모르는 기업은 미래 지향적인 제품이나 서비스를 만들 수 없다. 특히 그런 것이 아직 존재하지 않는다는 이유로 자신들이 무엇을 어떻게 해야 하는지도 정확하게 파악하지 못하는 경우에는 더욱 그렇다.

공감 능력은 리더가 내부 직원들뿐 아니라 고객들과도 더 좋은 관계를 맺는 데 활용할 수 있는 강력한 무기라고 나델라는 생각한다. 그는 왓튼스쿨Wharton School 학생들에게 이렇게 말했다. "CEO라면 자신감뿐 아니라 공감 능력도 갖춰야 합니다." 공감 능력이 최고의 CEO가 갖춰야 할 자질의 목록에 언제나 포함되는 것은 아닐지도 모른다. 하지만 나델라는 공감을 '기업 혁신의 핵심 요소'라고 생각한다. 그는 많은 사람이 공감 능력을 비즈니스에 필요한 직무 역량과 딱히 관련 없는 소프트 스킬 중 하나로 생각하지만, 공감 능력이야말로 혁신의 원천이라고 말한다. 혁신은 "아직 채워지지 않은 고객의 불분명한 욕구를 파악하는 힘에서 나오기 때문이다."

마이크로소프트의 가장 강력한 혁신 라이벌로 꼽히는 구글Google로 시선을 옮겨보자. 창립자 래리 페이지Larry Page와 세르게이 브린Sergey Brin은 컴퓨터 과학이나 공학을 전공한 사람들만이 IT 기술을 이해할 수 있다고 주장했다. 소프트 스킬이나 공감과 같은 감정 지능을 바탕으로 하는 기술보다 STEM(Science, Technology, Engineering, Math의 첫글자를 딴 두문자어로 과학, 기술, 공학, 수학을 의미한다-옮긴이) 기술을 강조하는 사회 분위기가 그들의 철학에 힘을 실어주는 듯했다. 구글은 가장 자신 있는 데이터 분야에서 자신들의 판단이 옳은지 살펴보기로 했다.

그리고 2017년 봄, 구글은 첨단 기술 기업에도 소프트 스킬이 얼마나 중요한지 보여주는 '프로젝트 아리스토텔레스Project Aristotle'의 결과를 발표했다. 이 연구의 목적은 구글에서 가장 높은 실적과 생산성을 자랑하는 팀을 분석하여, 그들이 성과를 낼 수 있었던 비결을 알아내는 것이었다. 오랫동안 구글은 유능한 인재와 '끝내주는' 팀, 주기적으로 획기적인 아이디어를 산출하는 능력을 자랑해왔으며, 이 모든 것을 기술적 역량과 지능 덕분이라고 여겼다. 하지만 프로젝트 아리스토텔레스는 구글에서 가장 중요하고 생산적인 아이디어는 회사 내에서 가장 똑똑한 사람들이 아닌 평범한 직원들로 구성된 팀에서 나온다는 사실을 보여주었다.

공감 능력이 마이크로소프트와 구글 같은 거대 글로벌 기업의 혁신을 촉진할 수 있다면, 당신과 당신의 회사에는 무엇을 가져다줄 수 있을지 한번 상상해보라.

소비자의 니즈와 원츠를 알려준다

직원들의 공감 능력을 키워 그 마음이 고객을 향하도록 한다면 당신의 회사는 성공할 것이다. 공감할 줄 아는 기업은 고객을 훨씬 잘 이해하고 그들의 니즈needs와 원츠wants를 정확하게 파악할 수 있기 때문이다. 즉, 소비자들이 원하는 솔루션을 시장에 제공할 수 있는 것이다. 고객들과 소통하면 할수록 그만큼 더 빨리 그리고 경쟁자보다 앞서 소비자의 기대에 부응하는 제품이나 서비스를 생산할 수 있다.

내 경험에 의하면, 기업이 강력하고 성공적인 브랜드를 구축하는데 가장 도움이 되는 활동은 이상적인 고객상을 만드는 것이다. "우리는 25세에서 60세 사이의 여성이 주고객입니다"와 같은 포괄적인 문장으로 표현해서는 효과가 없다. 이름과 나이, 가정환경, 관심사 등을 구체적으로 설정하고 실제로 한 인물을 그려봐야 한다. 나는 고객사들에 각종 자료와 과거 고객들의 모습, 그들만의 상식에 기반해 이상적인 고객을 최대한 실존 인물처럼 묘사해보라고 주문한다. 무엇이 이 사람을 움직이게 하는가? 이 사람의 삶은 어떤 모습인가? 무엇을 두려워하고 걱정하며, 무엇을 소중히 생각하고 열망하는가? 이렇게 해봐야 기업은 고객의 시선으로 세상을 바라보고, 구매 행동을 유발하는 요소가 무엇인지 이해할 수 있다. 고객 프로필 작성 시 공감 능력을 더 많이 발휘할수록 더 유용한 자료를 만들 수 있다. 공감 능력은 적정 가격과 제품 특성, 포장 디자인을 비롯해 고객에게 가장 강한 매력을 발휘할 수 있는 콘텐츠와 브랜드 메시지가 무엇인지 판단할 수 있게 해준다. 고객에게 제품을 홍보하고 선보일 수 있는 최선의 방법을 찾을 때도 유용하다.

고객의 입장에서 생각해보는 이 활동은 매년 설문지를 뿌리거나 고객에게 의견을 보내달라며 이메일 주소를 전달하는 것 이상의 효과를 낸다. 고객과의 거리를 좁혀 그들의 고충을 해결할 솔루션을 즉시 제공할 수 있게 해주는 것이다.

에어비앤비Airbnb는 공감 실천 기업의 좋은 사례가 된다. 이 공유숙박 업체는 집주인인 '호스트'를 그들의 고객이자 가족이라고 생각한다. 호스트들을 만족시키지 못하면 팔 수 있는 물건이 없어지기 때문이다. 에어비앤비의 사업 초기에 이용자들이 집을 엉망으로 사용하면서 일부 호스트들이 수천 달러의 손해를 본 사건이 있었다. 그들은 재산상의 피해뿐 아니라 집안 수리로 인한 정신적 고통과 수리 기간 동안 수입을 얻을 수 없는 상황까지 감당해야 했다. 에어비앤비는 이미 피해를 본 사람들과 이 일로 집을 빌려주는 것을 망설이게 된 사람들의 입장을 모두 고려하여, 5만 달러를 보상해주는 보험 정책을 도입했다. 현재는 최대 100만 달러까지 보장해주고 있다.

애플 역시 고객의 니즈를 이해하는 데 공감 능력이 얼마나 중요한지 잘 보여준다. 엘렌 페트리 린스_{Ellen Petry Leanse}는 리더십 컨설턴트이자 작가다. 현재 스탠퍼드대학에서 창의력과 혁신에 관한 뇌과학 강의를 하고 있는데, 그녀의 첫 직장은 애플이었다. 그녀는 스티브 잡스_{Steve Jobs}의 주도로 애플이 한창 성장하던 80년대와 90년대에 제품관리부서에서 사회생활을 시작했다. 그 당시 글로벌 제품을 소개하는 일을 맡았고, 80년대 중반 애플의 첫 '사용자 에반젤리스트_{evangelist}'(자신들의 기술을 시장에 전파하고 확산시키는 역할을 하는 사람들로, 애플에서 가장 먼저 도입한 조직-옮긴이)로서 전 세계 사용자들과 온라인으로 소통할 수 있는 서비스를 처음 론칭했다. 덕분에 소비자들은 애플 제품에 대한 피드백과 회사에 대한 요구 사항을 수월하게 공유할 수 있었다. 지금은 소셜 미디어를 통해 소비자들이 여러 브랜드에 쉽게 접근할 수 있고 사용자 포럼도 흔히 볼 수 있지만, 인터넷과 이메일 시대가 열리기 전에는 이런 식으로 고객들이 브랜드와 소통하고 영향력을 행사하는 건 혁명과도 같았다. 애플에서 근무하는 동안 린스는 업무를 수행하며 공감에 대해 직접 배울 수 있었다. 고객이 무엇을 느끼고 싶어 하는지 이해할 수 있게 된 것이다.

린스는 이에 대해 이렇게 말한다. "애플에서 근무하며 스티브 잡스에게 배운 중요한 교훈은 제품이 단순한 물건이 아니라는 겁니다. 제품은 당신이 그것으로써 만족을 주고 싶은 사람의 삶이나 감정 혹은 마음에 변화를 일으키는 수단입니다. 그래서 먼저 변화를 디자인한 다음 다시 제품으로 옮겨가야 합니다."

고객들이 무엇을 원하는지 알려면 그들의 시각에서 세상을 바라봐야 한다. 즉, 고객들에게 공감할 수 있어야 한다. 사람들은 어떤 물건이 자신의 비전을 구체적으로 실현해줄 것이라고 느껴야 그것을 구매할 생각을 한다. 린스는 이를 경쟁 우위로서의 공감 능력이라고 생각한다.

"스티브에게는 우리가 잘 이해할 수 없는 독특한 형태의 공감 능력이 있었어요. 그는 모든 사람이 사회 규범이 허락하는 범위보다 더 큰 잠재력과 욕망을 지녔다고 굳게 믿었어요. 그리고 사람들이 자신의 재능뿐 아니라 진정한 자기 자신과 연결되어 세상에 마음껏 이를 드러내도록 도울 수 있는 제품을 디자인했죠. 때론 불편하게 비치기도 했지만, 이는 그의 경영 방식에 잘 드러납니다. 제품에 대한 그의 철학 역시 이를 확실하게 보여줬어요. 제품을 사용하는 사람들에게 더 나은 미래가 펼쳐질 것을 믿는 '예지적 공감visionary empathy'은 수많은 이들의 삶에 스티브가 끼친 영향에 대해 말할 때 중요하게 고려해야 할 요소입니다."

사용자의 열망에 가닿을 수 있는 제품은 더 좋은 경험을 선사할 수 있다. 이 점을 알아야 제품이 성공하고 기업이 성장할 수 있다.

직원들의 업무 능력 향상

구글은 또 하나의 사례를 통해 소프트 스킬의 중요성을 보여준다. 2013년, 구글은 1998년 회사 설립 이후의 모든 채용, 해고, 승진 데이터를 수집해 종합 분석하는 '프로젝트 옥시젠Project Oxygen'을 시작했다. 경영진은 STEM 기술의 숙련도가 직원들의 업무 성과에 직접적으로 관련되어 있을 것이라고 굳게 믿었다. 하지만 결과는 그렇지 않았다. STEM 기술과 관계없이 개인 업무 성과에 영향을 미치는 여섯 가지 결정적 특징이 드러난 것이다. 첫째, 좋은 코치 되기, 둘째, 커뮤니케이션과 경청, 셋째, (다양한 가치와 시각을 포함한) 타인에 대한 이해, 넷째, 동료들에게 지지와 공감 보내기, 다섯째, 비판적 사고 능력과 문제 해결력, 여섯째, 복잡한 아이디어를 유기적으로 결합하는 능력이었다.

놀랍지만 흥미롭게도, 구글은 "여러 인류학자와 민족지학자ethnographer(사회와 문화의 여러 가지 현상을 정량적이고 정성적인 조사 기법과 현장 조사를 통해 연구하는 학자-옮긴이)를 고용해 데이터를 더 깊게 파고들었다. (……) 그러고 나서 처음에 (공동 창립자인) 브린과 페이지가 무시했던 인문학 전공자와 예술가, MBA 전공자까지 포함하는 방향으로 기존 채용 관행을 개선했다."

구글처럼 거대하고 혁신적인 기업에서도 공감 능력이 탁월한 직원들이 더 높은 자리로 올라간다는 사실은 공감의 중요성을 암시한다.

무수한 밀레니얼 세대와 Z세대 인재 확보

지금은 밀레니얼 세대millennials(보통 1980년대 초부터 2000년대 초 사이에 출생한 세대를 일컫지만 미국의 경우 1981년에서 1996년 사이에 출생한 세대를 의미한다-옮긴이)의 시대다. 당신의 기업이 유능한 밀레니얼 인재를 영입하거나 밀레니얼 소비자의 어마어마한 구매력을 활용하려면, 반드시 다음 한 가지를 명심해야 한다. 바로 밀레니얼 세대는 소비자에게 관심을 가지고 변화를 일으키는 브랜드와 기업에 충성한다는 사실이다.

2015년에 회계법인 딜로이트Deloitte가 발표한 리더십 연구 결과에 따르면, 밀레니얼 직장인들은 역사상 가장 다양성이 두드러지는 세대다. 미국의 경우 밀레니얼 세대 중 59퍼센트만 백인이고 27퍼센트는 이민자 출신이다.

밀레니얼 세대의 뒤를 이어 1995년 이후 출생한 Z세대는 직장에거는 기대치가 훨씬 더 높다. 이 젊은 직장인들은 단순히 젠더와 인종이 아닌 훨씬 더 넓은 의미로 다양성을 정의한다. 이들은 기업에 인지적 다양성cognitive diversity을 기대한다. 즉, 다양한 생각, 아이디어, 철학 그리고 협업 문화를 통해 비즈니스 문제를 해결하기를 원한다. 이는 기업에 좋은 일이다. 이 세대는 다양성을 단지 '도덕적인 기준'이 아닌 '성과를 내기 위한 하나의 사업 수단'으로도 보기 때문이다. 이들은 복잡한 비즈니스 문제를 해결하기 위해 다양한 시각과 전문 지식, 기술을 갖추려 한다. 이러한 유형의 다양성을 수용하려면 단순히 본인과 다른 사람들을 채용하는 것 이상의 수고가 필요하다. 그들을 이해하고 그들의 의견에 귀 기울여야 하는 것이다. 이게 바로 공감이다.

세계경제포럼World Economic Forum 문건에 따르면, 밀레니얼 세대의 71퍼센트는 직장 동료가 '제2의 가족'이 되길 바란다. 회사가 멘토가 되어 직원들의 타고난 재능을 발전시켜줘야 한다고 생각하느냐는 물음에는 75퍼센트가 그렇다고 답했다. 이 세대는 새로운 유형의 직장 생활을 원한다. 직원들의 노력을 소중히 여기고, 지역과 사회의 공동체 발전에 도움이 되며, 더 나은 세상을 만드는 일에 관심을 두는 기업을 원하는 것이다.

"지금 우리가 보고 있는 이 변화는 미미한 움직임으로 끝나지 않고 아주 중대한 영향을 미칠 겁니다." 경영 컨설팅 그룹 퓨처리더나우의 레베카 프리스 러드스커그는 어떠한 과장도 보태지 않고 이렇게 이야기한다. "좋은 성과를 내는 직원들은 회사를 고르는 선택권이 아주 넓습니다. 이전 세대들에게는 없었던 기회죠. 무엇보다 긱 경제gig economy가 발전하고 기술 접근성이 좋아지면서 무수한 기회들이 생겨났습니다. 게다가 밀레니얼 세대의 60퍼센트가 항상 이직을 염두에 두고 있으며, 29퍼센트만이 현 직장에 충실하다고 합니다. 많은 젊은이가 공감 문화의 기본 요소인 이해와 존중, 경청이 결여되었다고 느낄 때 업무에 몰입하지 못합니다. 이는 미래 인력을 확보해 성공하려는 기업에 재앙을 초래할 겁니다."

상황이 이러하니, 최고의 인재를 영입하고 유지하길 바라는 기업은 직원들의 몰입도를 높여야 한다. 러드스커그와 같은 전문가들은 기업의 리더와 문화, 외부 브랜드 평판이 직원들의 가치관과 최대한 일치할 때 업무 몰입도가 상승한다고 설명한다.

연결 지능Connectional Intelligence의 뛰어난 권위자인 동시에 국제 자문회사 커텐셜Cotential의 창립자이자 CEO인 에리카 다완Erica Dhawan에 따르면, 우리는 직급이나 나이에 상관없이 누구나 빠르게 의견을 내고 인정받을 수 있는 방식으로 연결되어 있다. 자유롭게 표현을 할 수 있는 분위기 덕에 밀레니얼 세대들은 자신의 의견을 마음껏 말할 수 있게 되었고, 그렇기에 기업 리더들은 더욱더 공감 문화를 확립해야 한다.

다완은 이렇게 말한다. "공감 문화는 더는 기업에 '기회'가 아닙니다. 이젠 정상급 인재를 확보하고 고용하려면 꼭 수행해야 하는 '의무'입니다. 젊은 세대들은 어린 시절부터 대학 입학 때까지 공감을 바탕으로 거의 모든 일이 이루어지는 환경에서 자랐어요. 그들은 이런 방식이 기업에 이익을 가져다준다고 생각합니다. 그리고 이를 따르지 않는 기업에서는 일하지 않을 겁니다."

직원들이 존중받는다고 느끼며 일에 몰두할 수 있는지가 왜 중요할까? 그렇지 않을 때의 대가가 혹독하기 때문이다. 캐나다 퀸즈대학교Queen's University의 스미스 비즈니스스쿨Smith School of Business과 갤럽Gallup의 연구에 따르면, 몰입하지 못하는 직원들은 그렇지 않은 직원들에 비해 무단결근율이 37퍼센트 높았고 업무상 실수를 저지르는 비율은 무려 60퍼센트 더 높았다. 그뿐만 아니라 "직원들의 몰입도가 낮은 기업은 시간이 흐르면서 생산성이 18퍼센트 떨어졌으며, 수익률은 16퍼센트, 일자리 창출률은 37퍼센트, 주가는 무려 65퍼센트나 감소했다." 반면에 "직원들의 몰입도가 높은 기업은 전년 대비 입사 지원자가 두 배 늘었다."

밀레니얼 세대 소비자들은 쉽게 지갑을 열지 않으며 굉장히 변덕

스럽다고 알려져 있지만, 글로벌 경영 컨설팅사 악센츄어Accenture가 2018년에 발표한 연구 결과에 따르면, 사실 이들은 굉장히 충성스러운 소비자다. 단, 자신들이 추구하는 가치를 존중하는 브랜드에만 그렇다. 밀레니얼 세대는 귀중한 고객인 자신의 니즈와 원츠에 딱 들어맞는 고객 중심의 소비 경험을 원하며, 자신이 지지하는 브랜드가 소비자에 공감할 수 있음을 증명하길 바란다.

Z세대로 넘어가면 공감은 훨씬 더 중요해진다. 매우 불확실한 세상을 마주하고 있는 Z세대는 진정성과 소통을 중시한다. 구글의 소비자 앱 브랜드 팀의 보고서에 따르면, Z세대는 "클릭 한 번으로 모든 것이 가능한 인터넷이 존재하지 않던 시대를 절대 이해할 수 없다. 테러리즘이나 지구 온난화 위기가 없던 시대 역시 영원히 알 수 없을 것이다. 결론적으로 Z세대는 역사상 가장 똑똑하고 성숙하며, 동시에 공감 능력이 가장 뛰어난 세대다."

매출 증대와 성장을 주도한다

최고의 성과를 내는 기업들은 이미 공감을 사업 전략으로 삼고 활용하고 있다. 그것만으로도 그들은 시장에서 입지를 강화할 수 있었다.

브라이튼 존스Brighton Jones는 굉장히 혁신적인 자산 관리 회사로 시애틀 본사와 함께 미국 내 다른 네 개 도시에 지사를 두고 있다. 공동 창립자 찰스 브라이튼Charles Brighton과 존 존스Jon Jones는 기존 틀을 깨고 자산 관리사에 새로운 역할을 부여하고 싶었다. 바로 고객의

CFO~Chief Financial Officer~(회사의 자금 부문 전체를 담당하는 총괄 책임자-옮긴이)가 되는 것이다.

그 목표를 마음에 새긴 채 사내 공감 전략 이사(실제로 이런 직함이 있다. 공감 능력이 사업에서 이만큼이나 중요하다) 코리 커스터~Cory Custer~는 MESI라고 불리는 사내 교육 프로그램을 시행했다. MESI는 마음챙김 기반의 정서적·사회적 지능~Mindfulness-based Emotional and Social Intelligence~을 뜻하며, 서로에게 공감하고 동정을 베푸는 태도가 바탕이 되는 기업 문화를 강조한다. 브라이튼 존스는 이러한 기업 문화에 잘 어울리는 사람들을 고용하고 있으며, 현재 고객뿐 아니라 지역 사회를 위한 MESI 워크숍도 선보이고 있다. 이 회사는 자신만의 철학과 행동을 통한 공감형 브랜드 구축으로 각종 이익을 누리고 있다. 서로에게 그리고 고객에게 온정을 베풀며 공감을 실천한 결과 브라이튼 존스는 지속적인 순이익 증가라는 성과를 내며 시장을 선도해오고 있다. 브라이튼 존스는 경제 주간지 《바론즈~Barron's~》와 금융 서비스 잡지 《파이낸셜 어드바이저~Financial Advisor~》, 《파이낸셜 타임스~Financial Times~》 등 유수의 매체에서 이미 최고의 독립 자문 회사로 인정받고 있으며, 워싱턴 주에서 가장 규모가 큰 자산 관리 회사이기도 하다. 이들은 2000명에 가까운 개인 고객과 가족 고객을 보유하고 있으며, 총 80억 달러가 넘는 자산을 관리 중이다.

이런 엄청난 성과에 낸 뒤 커스터는 이렇게 말했다. "우리는 최선을 다해 공감 능력과 경쟁력을 모두 갖춘 리더십을 세상에 보여줬고, 그 효과를 입증했습니다. 우리는 미국 내 최고 투자 자문 회사 중 하나입니다. 그리고 이 최고의 자리와 더불어 마음과 영혼도 함께 지킬 겁니다. 이는 상호 배타적인 일이 아닙니다. 선행을 베풀면서도 충분히 성과를 올릴 수 있어요. 우리는 기업이 경쟁력과 공감 능력을 모두 갖출 수 있음을 증명했습니다."

이제 공감 능력이 비즈니스에 어떤 영향을 미치는지 명확하게 알게 되었을 것이다. 이 책을 계속 읽다 보면, 직원, 조직 문화, 외부 브랜드 수준과 관련된 정책을 어떤 식으로 수립해야 공감 능력이 뛰어난 조직을 만들 수 있는지도 파악할 수 있다. 하지만 태도와 전략을 이야기하기 전에, 먼저 허울뿐인 공감, 즉 '가짜 공감empathy veneer'에 대해 살펴보자.

체크포인트

공감 능력은 고객 충성도에서 기업 혁신, 수익률까지 모든 것에 직접적인 영향을 미친다. 다음은 공감 능력의 효과로 증명된 몇 가지 사실이다.

* **공감 능력은 혁신의 원동력이 된다**: 고객의 입장을 이해해야 그들의 급변하는 요구와 욕망을 따라잡을 수 있다. 구글의 연구 '프로젝트 아리스토텔레스'에 따르면, 가장 혁신적이고 높은 성과를 가져다준 아이디어는 공감과 같은 소프트 스킬이 뛰어난 팀에서 나왔다.

* **공감 능력은 고객의 니즈와 원츠를 파악할 수 있게 해준다**: 고객에게 공감할수록 그 요구에 가장 걸맞은 상품이나 서비스를 경쟁사에 한발 앞서 출시할 수 있다. 소비자가 무엇을 원하는지 파악하려면 그들의 관점에서 세상을 바라봐야 한다. 이상적인 고객상을 만드는 것은 고객의 시각을 이해하는 데 도움이 된다. 일례로, 스티브 잡스가 소비자의 입장을 아주 정확하게 파악하는 일에 집중한 결과, 애플의 제품 디자이너들은 소비자들이 알아차리기도 전에 그들이 원하는 것을 만들 수 있었다.

* **공감 능력은 직원들의 업무 능력을 향상시킨다**: 공감 능력을 갖춘 직원일수록 뛰어난 업무 성과를 보이며, 기술적인 역량만 갖춘 사람보다 더 빨리 성공할 수 있다. 구글의 연구 '프로

젝트 옥시젠'은 소프트 스킬이 팀원들의 개인 성취에 도움이 된다는 사실을 밝혀냈다.

- ◆ **밀레니얼 세대와 Z세대는 공감 능력이 뛰어난 브랜드와 기업을 원한다:** 밀레니얼 세대와 Z세대 직장인들은 노동 시장에서 가장 다양성이 두드러지는 세대에 속하며, 여러 시각을 활용해 어려운 비즈니스 문제들을 해결하려 한다. 그들은 새로운 시각을 수용하고 자신의 의견을 존중하는 기업에 머물려고 한다. 이들은 고객에게 관심을 가지고 변화를 일으키는 브랜드와 기업에 충성한다.

- ◆ **공감 문화가 매출 증대와 성장, 실적 향상을 주도한다:** 최고의 성과를 자랑하는 기업들은 이미 공감을 사업 전략으로 활용하고 있으며, 이를 통해 시장 입지를 강화했다. 예를 들어, 자산 관리 회사 브라이튼 존스는 이 철학을 받아들여 현재 업계 선두의 자리를 지키고 있다.

가짜 공감

진정성 있는 브랜드는 마케팅 회사나 광고 대행사가 아닌
기업이 하는 모든 일에서 탄생한다.
_ 하워드 슐츠, 스타벅스 전 CEO이자 현 명예 회장

소비자는 본능적으로 가짜 공감을 알아챈다

브랜드에 까다로운 오늘날의 소비자들은 1킬로미터 밖에서도 거짓
공감을 알아챌 수 있으며, 그런 기업에게는 결코 다가가지 않는다. 일
부 기업들은 공감 전략이 어떻게 고객 충성도를 높이는지 봐왔기에
그 효과를 이용해 돈을 벌고 싶어 하지만, 정작 실천은 망설이고 있
다. 이들은 자신의 진짜 목적과 전략을 가짜 공감으로 가리고 아무도
이 불순한 의도를 눈치채지 못하길 바란다. 하지만 소비자의 본능은
이를 기막히게 알아챈다. 그리고 이런 가짜 공감이 불러오는 결과는

대체로 참혹하다.

주로 기업의 공감지수를 측정하고 관리하는 일을 하는 영국의 컨설팅 회사 디엠퍼시비즈니스의 CEO 벨린다 파마는 직원들과 함께 공감 능력을 측정할 수 있는 도구를 개발했다. 그리고 매년 주요 재무 지표에 올라와 있는 170여 개 기업을 분석해 기업 문화와 CEO의 성과, 윤리 의식, 소셜 미디어 활용도를 측정한 지수를 근거로 공감 능력이 가장 뛰어난 기업들을 발표한다. 이 목록에 있는 기업의 대표들을 인터뷰하고 조사하면서 파마는 기업의 솔직하지 못한 공감 행동에 대해 잘 알게 되었고, 이를 '공감 덧칠empathy-washing'이라고 이름 붙였다. 그녀가 정의한 바에 따르면, 공감 덧칠은 올바른 리더십이나 변화 의지, 공감 능력이 뛰어난 기업이 되고 싶은 욕구를 뒷받침해줄 지속 가능하고 구체적인 실천 계획도 없이 그렇게 보이고 싶은 마음을 의미한다.

파마는 이렇게 묻는다. "우리는 처음 고객사와 만나는 자리에서, 컨설팅이 끝나고 나면 회사가 어떻게 돌아갈지 살핍니다. 문제를 파악하는 전담 부서를 새로 만드는 등 적극성을 보일지, 깨어 있는 한 사람만의 숙원 사업이 아니라 기업 전체를 진정으로 변화시키는 사업이 될 수 있을지 보는 것이죠. 매번 가늠하기 어려운 일입니다. 당신은 어떻게 공감을 기업의 핵심 가치로 만들고, 어떤 방법으로 그것을 지킬 건가요?"

성장 기업과 신생 기업의 브랜드 전략 수립 분야에서 활동한 내 경험으로 보면, 말과 행동이 진정으로 일치하느냐가 중요하다. 기업은 공감, 투명성, 정직 등 요즘 유행하는 브랜드 특징을 입으로만 외치면서, 사람들이 자기네가 그런 가치를 실천한다고 믿어주기를 바라서는 안 된다. 이는 퍼스널 브랜드부터 비영리 기관, 글로벌 기업까지 규모와 종류에 상관없이 모든 조직에 해당되는 얘기다. 그 주장을 뒷받침하는 행동을 보여주지 않으면, 고객 또는 직원의 실제 경험이 빠르게 진실을 밝혀줄 것이다. 그렇게 되면 분노와 실망이 따라온다.

예전에 '혁신적인' 기업으로 인정받고 싶다는 기술 회사들과 함께 일한 적이 있다. 물론 그들이 실제로도 혁신적이라면 더할 나위 없이 좋았을 것이다. 자신의 브랜드가 차세대 애플처럼 되길 바라는 욕심은 원칙적으로 바람직하지만, 애플을 애플답게 해주는 행동을 실천할 의지가 없다면 알맹이 없는 마케팅 구호만 남게 된다. 10년 동안 신제품을 개발하지 않거나, 구식 사무기기에 의존하거나, 연구개발 혹은 우수한 디자인 기술에 투자하기를 꺼린다면 혁신적인 기업이라고 말할 수 없다. 방금 언급한 신제품, 신기술 개발 및 연구와 디자인 기술 투자는 혁신적 기업을 자칭하는 애플의 주장을 뒷받침해주는 행동들이다.

가짜 공감에 따르는 값비싼 대가

다시 한번 강조하지만 어떤 브랜드든 간에 자신이 내건 구호를 충실히 이행하려면, 대내외적으로 기업의 말과 행동이 일치해야 한다. 공감형 브랜드를 만들고 싶다고 하면서 언론 보도나 세간의 의견에만 신경 쓰고 실제 행동으로 옮기기는 거부한다면, 그 기업의 브랜드 메시지는 금방 거짓으로 들통난다.

유나이티드 항공United Airlines을 비롯한 많은 기업이 공감의 가치를 내걸고 이를 제대로 전달하지 못해 뼈아픈 교훈을 얻었다. 유나이티드 항공은 오랫동안 광고를 통해 탁월한 고객 서비스가 자신들의 핵심 가치라는 인상을 심어주려 노력했다. 하지만 이 항공사의 서비스를 이용해본 나의 경험과 심지어 마일리지 플러스 골드 회원인 남편의 경험을 종합해본 결과, 그들의 주장이 사실이 아니라는 걸 알게 되었다. 우리는 상상 이상으로 무례한 탑승 수속 직원들과 융통성 없는 정책, 오만한 승무원들을 감당해야 했다. 일례로, 런던 히스로 공항 국제선터미널에 있는 유나이티드 항공의 라운지 직원은 말도 안 되게 비싼 추가 요금을 내야 내가 남편과 함께 라운지에 입장할 수 있으며, 더 이상의 추가 손님은 받을 수 없다고 말했다. 그때 두 살이었던 아들은 유모차를 타고 있었다.

2017년, 승객이 비행기에서 내리기를 거부하자 시카고 공항 보안 요원들을 시켜 기내 밖으로 끌어내고 부상까지 입힌 사건으로 인해 이런 유나이티드 항공의 민낯이 세상에 알려졌다. 그 승객은 해당 항공편 좌석이 초과 예약되어 유나이티드 항공의 직원들이 탈 자리가 없다는 이유로 비행기에서 내려달라는 요구를 받았다. 승무원들의 대처는 처음부터 끝까지 형편없었다. 그 승객이 요구를 거부하자 결국 공항 경찰을 부르는 사태에 이른 것이다. 승무원이 신체적인 위협을 가한 것은 아니었다. 하지만 승객보다 자사 직원을 우선시하는 유나이티드 항공의 행태와 승객의 처지에 공감하지 못하는 태도는 엄청난 공분을 불러일으켰다(그 승객은 다음 날 환자와 약속이 있어 집으로 돌아가야 하는 의사였다). 이 사건은 구호와 실상의 차이에 대한 냉혹한 교훈을 전해준다.

이를 사우스웨스트 항공의 친절하고 친근한 브랜드 메시지와 비교해보라. 사우스웨스트 항공은 친절한 고객 서비스에 자부심을 느끼며, 실제 이를 제대로 실행하고 있다. 재치 있는 기내 안전 방송부터 적절한 요금과 추가 수화물 요금 폐지 등을 내세운 '투명한 요금 Transfarency' 철학을 바탕으로 하는 각종 정책까지, 모든 면에서 이 회사는 고객에게 공감하고 있음을 보여준다. 사우스웨스트 항공은 기내에서 무료 스낵을 무제한으로 제공한다. 많은 항공사가 더는 그렇게 하지 않는데도 말이다. 승무원들은 순발력 있게 상황에 대처하는 법을 훈련받는데, 이는 회사가 임기응변에 능하고 공감 능력이 뛰어난 훌륭한 인재를 채용하기 위해 노력한다는 사실을 말해준다.

아들의 세 번째 생일날, 나는 아들과 함께 사우스웨스트 항공을 이용해 이동 중이었다. 비행 중 아들이 특별한 날을 맞았음을 알게 된 한 승무원은 우리 몰래 급하게 즉석 생일 케이크를 만들어주었다. 케이크는 플라스틱 컵과 냅킨 띠, 과자 몇 개로 이뤄져 있었고, 이쑤시개가 전체를 지탱하고 있었다. 그들은 비행기에 갇힌 채 생일을 보내는 아이의 시선에서 상황을 바라보고 행동했다. 아들은 뛸 듯이 기뻐했고, 물론 나도 깊은 고마움을 느꼈다. 이처럼 작은 행동으로도 얼마든지 큰 감동을 줄 수 있다.

진짜 공감의 다섯 가지 척도

현재 어느 위치에 있더라도 기업은 공감의 가치에 뿌리를 둔 진정성 있는 브랜드와 문화 형성을 최종 목표로 삼아야 한다. 그런 브랜드와 문화를 증명해야 하는 혹독한 시련도 각오해야 할 것이다. 사업이 잘 풀려 직원들과 문제없이 지내고 고객이 매 순간 더없이 만족해하는 시기에는 타인의 관점에서 세상을 바라보고 이해하기가 비교적 수월하다. 이것은 공감과 전혀 다른 문제다. 따라서 가짜 공감을 내세우는 기업은 직원들과의 갈등이나 시스템 붕괴 또는 거물급 고객 이탈 등 심각한 위기가 닥치면 시험에 통과하지 못할 것이다.

데이브 발라이Dave Ballai는 주로 정부 기관과 지식재산 시장, 생명 과학 업계에 정보 기반 솔루션 및 서비스를 제공하는 렉시스넥시스Lex-isNexis 산하 IT 서비스관리 업체 리드테크Reed Tech의 최고 정보 책임자CIO이자 콘텐츠 사업 부문 부사장이다. 그는 150명으로 구성된 팀을 이끌고 있는데, 이는 하청업자들과 납품업자들을 제외한 숫자다. 발라이는 위기 상황에서의 공감 능력 유지 가능 여부가 기업과 리더가 진심으로 공감을 표현하는 것인지, 아니면 말만 번지르르하게 하는 것인지 판가름하는 척도라고 생각한다. "상황이 좋지 않은 때야말로 진정한 리더의 자질을 시험할 수 있습니다. 리더가 정말 공감할 수 있는 사람인지, 다른 압박감이 전혀 없기 때문에 그러는 척하는 사람인지는 금방 드러납니다."

공감을 표방하며 실제 행동으로 이를 뒷받침하는 기업들은 수익이 증가하겠지만, 거짓된 가짜 공감을 내세우는 브랜드는 처참히 무너질 것이다. 이와 같은 실수를 저지르지 않으려면 어떻게 해야 할까?

다음 질문들은 기업이 리더십, 조직 문화, 외부 브랜딩이라는 세 층위에 모두 공감의 태도가 스며있는지 확인하는 데 도움이 될 것이다. 적절한 인재 채용부터 효율적인 회의 운영, 올바른 행동에 대한 보상, 고객의 입장에서 생각하고 그들의 니즈를 수용하는 모든 과정을 살펴봐야 한다. 우선 이러한 사항들에 집중하고, 그다음엔 공동체에 선행을 베풀어 회사라는 벽 너머에서도 공감의 태도가 드러날 수 있도록 해야 한다.

전사적 차원에서 공감 능력을 확실하게 키우고 싶다면, 다음 다섯 가지 질문에 답해보라.

1. 회사의 미션과 가치를 공유하고 있는가?

조직 안팎의 모든 사람이 기업의 스토리와 가치, 목적을 이해하고 있는가? 회사의 미션과 가치는 마케팅 메시지와 고객 서비스 등에서 기업이 대외적으로 전하려는 바를 제대로 녹여내고 있는가? 내부에서 이를 정확하게 규정하지 못하면, 효과적으로 공감형 브랜드를 운영할 수 없다. 이에 관한 자세한 내용은 추후에 나올 '공감 문화를 만드는 습관과 특징'과 '공감형 브랜드를 만드는 습관과 특징'을 참고하기 바란다.

2. 공감 능력을 기를 수 있는 사내 정책이나 관행이 있는가?

공감하고 협업하는 사람들에게 충분한 보상을 하고, 이를 인사고과에 제대로 반영하고 있는가? 회의 운영, 직원들 간 친목, 신입 사원 교육, 관리자

양성, 조직 내 갈등 관리, 새로운 리더들을 위한 멘토링 제도 등의 정책이 잘 갖춰져 있는가? 이에 관한 자세한 내용은 '공감 문화를 만드는 습관과 특징'을 참고하기 바란다.

3. 안전과 신뢰를 보장할 수 있는 환경인가?

직원들이 불필요한 경쟁심을 느끼지 않고 편안하게 협업할 수 있는가? 실패에 대한 두려움 없이 때로는 예견된 위험을 감수하거나 급하게 어려운 결정을 내릴 수 있는 유연성을 갖췄는가? 이에 관한 자세한 내용은 '공감형 리더의 습관과 특징'과 '공감 문화를 만드는 습관과 특징'을 참고하기 바란다.

4. 적절한 인재를 채용하고 있는가?

뛰어난 사업 수완을 갖췄을 뿐 아니라 장기적인 성과를 가져다줄 수 있는 감정 지능이 높은 리더가 적재적소에 있는가? 브랜드를 대표하는 고객 서비스 부서에 적절한 인재가 있는가? 감정 지능EQ이 높은 사람들을 가려서 채용하는가? 이에 관한 자세한 내용은 '공감형 리더의 습관과 특징'과 '공감 문화를 만드는 습관과 특징' 그리고 '공감형 브랜드를 만드는 습관과 특징'을 참고하기 바란다.

5. 능동적이고 유연한 고객 서비스 정책을 실시하고 있는가?

고객 서비스 정책은 신뢰를 바탕으로 사람들의 의구심을 해소해줘야 한다. 고객의 입장을 대변하는 정책으로 고객에게 최선을 다하고 있는가? 고객과 직접 대면하는 직원들에게 상황에 맞게 대처하고 그 순간 고객의 니즈에 맞는 적절한 솔루션을 제공할 수 있는 권한이 주어지는가? 이에 관한 자세한 내용은 '공감형 브랜드를 만드는 습관과 특징'을 참고하기 바란다.

지금까지 공감의 의미와 더불어 가짜 공감에 대해 살펴보았다. 이제 공감형 리더의 장점에 대해 설명할 것이다. 그 뒤에는 공감형 리더의 습관과 특징, 즉 공감 근육을 단련하여 조직 통솔력을 개선하는 전략에 대해 알아보자.

체크포인트

◆ **가짜 공감으로는 소비자에게 다가설 수 없다:** 브랜드에 까다로운 오늘날의 소비자들은 가짜 공감을 알아채는 감각을 갖고 있다. 그들은 가짜 공감을 내세우는 기업은 멀리할 것이다.

◆ **가짜 공감은 결국 값비싼 대가를 치러야 한다:** 공감하는 태도 등 브랜드가 내세운 메시지를 충실히 이행하려면 대내외적으로 기업의 말과 행동이 일치해야 한다. 공감형 브랜드를 만들고 싶다면, 언론 보도나 세간의 의견에만 신경 쓸 것이 아니라 실제로 행동해야 한다. 그렇게 하지 않는다면, 그 회사의 브랜드 메시지는 금방 거짓으로 들통나게 된다.

◆ **진짜 공감의 다섯 가지 척도를 보고 지금 우리 회사의 공감 능력을 체크해보자:** 사업이 잘 풀리는 시기에는 타인의 관점에서 세상을 바라보는 일도 크게 어렵지 않다. 이것은 공감과 전혀 다른 문제다. 가짜 공감을 보여주는 기업은 직원들과의 갈등이나 시스템 붕괴 또는 거물급 고객 이탈 등의 심각한 위기가 닥칠 때 견뎌내지 못한다.

전사적 차원에서 공감 능력을 키우고 싶다면, 다음 다섯 가지 질문에 답해보라.

1. 회사의 미션과 가치를 공유하고 있는가?

---

2. 공감 능력을 기를 수 있는 사내 정책이나 관행이 있는가?

---

3. 안전과 신뢰를 보장할 수 있는 환경인가?

---

4. 적절한 인재를 채용하고 있는가?

---

5. 능동적이고 유연한 고객 서비스 정책을 실시하고 있는가?

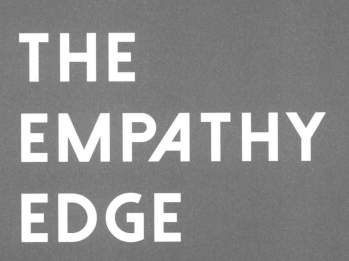

THE
EMPATHY
EDGE

PART 2

공감형 리더로
거듭나기

◆

THE
EMPATHY
EDGE

◆

공감형 리더의 장점

인류에 미치는 당신의 영향력을 '좋아요' 수가 아닌 당신의 손길이 닿은 사람들의 삶으로,
인기가 아닌 당신이 돕고 있는 사람들로 평가하라.
인류의 발전에 이바지하려는 당신의 결심이 시험에 들 때가 올 것이다.
흔들리지 마라. 세상은 공감 능력이 당신의 경력에 아무짝에도 쓸모없다고 주장할 것이다.
이 잘못된 주장을 받아들여선 안 된다.
_ 팀 쿡 Tim Cook, 애플 CEO

기업가 정신의 촉매제

조이 맥브리엔Joy McBrien은 간절히 세상을 바꾸고 싶었다. 대학 시절, 그녀는 성폭력 피해 여성들을 도울 수 있는 사회적 기업을 설립하기 위해 몇 가지 아이디어를 실행했다. 이는 어느 날 갑자기 떠오른 생각이 아니었다. 그녀는 자신 역시 성폭력 피해자였기에 폭력적인 환경에서 벗어날 수 없는 여성들의 처지에 깊이 공감하고 있었다. 성폭력 피해는 그녀의 정체성에 큰 영향을 끼쳤고, 그녀는 대학 시절 대부분의 시간을 상처를 극복하는 데 보냈다. "상처를 치유하기 위해 여행

을 다니며 다른 나라 여성들을 만났습니다. 성폭력 피해자에게 찍히는 낙인 때문에 미국에서는 피해 사실을 털어놓기가 어려웠거든요."

폭력의 희생자들과 소통할 수 있는 곳을 찾아다닌 끝에 맥브리엔은 페루에 도착하게 되었고, 열아홉 살의 나이에 현지 여성들을 도와 가정 폭력 피해자를 위한 보호소를 지었다. 그녀는 이 경험이 삶을 바꿔줄 것으로 기대했지만, 오히려 큰 충격을 받게 되었다. 자신의 동기가 온전한 이타심에서 비롯되지 않았으며, 심지어 잘못된 방법으로 피해 여성들을 돕고 있는지도 모른다는 생각이 들었기 때문이다. "물론 보호소도 꼭 필요하고 중요한 시설이었죠. 하지만 이곳에서 진짜 가치 있는 일을 하려면 이 사람들이 살아온 삶과 그 맥락을 더 깊게 살펴야 한다고 생각했어요."

세계보건기구World Health Organization의 통계에 따르면, 페루의 대도시에 거주하는 여성의 51퍼센트에서 69퍼센트가 파트너에게 강간 또는 폭행을 당한 적이 있다. 맥브리엔은 이들을 돕고 싶었으나 확실한 전략이 필요했다. 그녀는 미국으로 돌아가 구체적인 계획을 세우기 시작했다.

맥브리엔은 '침보테의 친구들Friends of Chimbote'이라는 비영리 단체의 지원으로 페루로 돌아온 후, 여러 번 해가 바뀌는 동안 최대한 많은 것을 배우자는 한 가지 목표에 집중했다. 그녀는 시골 마을의 성폭력 피해 여성들을 만나, 이들이 이 거대한 문제를 해결하기 위해 지역 사회에서 어떤 활동을 펼치고 있는지 들었다. 그들은 가정 폭력 피해 여성들에게 가장 필요한 것은 일자리라고 말했다. 안정적인 수입이 폭력적인 파트너의 곁을 떠날 수 있게 용기를 북돋아 주기 때문이었다.

맥브리엔은 일자리 확보와 자립이라는 두 가지 문제를 한 번에 해결할 수 있다고 생각했다.

그녀는 아니타Anita라는 애칭으로 불리는 페루인 사회운동가의 도움으로, 침보테에서 공예품을 만들면서 가정 폭력 피해자들을 현명하게 지원할 수 있는 모임을 시작했다. 페루에서 발생하는 성적 학대는 대부분 가정 안에서 끈질기게 이루어진다. 이런 폭력에 맞서 싸우는 여성들은 대개 피해 사실에 대해 쉬쉬하며, 자신의 대처 방법을 공유하길 꺼린다. 맥브리엔의 아이디어는 이 여성들에게 자립할 수 있는 기술을 가르쳐주는 동시에, 피해 사실을 마음 놓고 이야기할 수 있는 안전한 공간을 마련해주자는 것이었다. 공예품 만들기 모임은 매주 네 시간씩 함께 뜨개질을 했으며, 모든 재료는 맥브리엔의 기발한 모금 활동을 통해 무료로 제공됐다. 모임이 끝날 때마다 여성들에게는 집으로 가져가거나 시장에서 팔 수 있는 뜨개 모자가 생겼고, 파트너 혹은 배우자의 폭력 행위에 동료들은 어떻게 대처하는지 더 자세히 알 수 있었다. 그렇게 여성들은 관계를 맺고 기술을 배우며 자신감을 쌓았다.

사업 모델로의 발전 가능성을 알아본 맥브리엔은 여성들이 돈을 벌 수 있는 가장 좋은 방법을 찾았는데, 그것은 그들의 작품을 미국에 파는 것이었다. 그래서 주얼리 사업 경험을 살려 모임의 주력 생산품을 시장가치가 더 높은 주얼리로 바꾸었고, 페루의 공예가들과 미국 소비자들을 연결해주는 회사인 페어 아니타Fair Anita를 설립했다.

페어 아니타는 조력자이자 중개자로 디자인에 필요한 재료부터 배송 인프라까지 모든 것을 제공했다. 사업은 대성공을 거두었다.

현재 페어 아니타는 아프리카, 아시아, 남아메리카에 분포한 아홉 개 국가에서 8000명 이상의 재능 있는 소외 계층 여성들이 제작한 공정 무역 상품을 판매하고 있다. 이 사회적 기업은 세련된 디자인과 합리적인 가격으로 급성장 중이다. 맥브리엔은 여성 공예가 집단과 파트너십을 맺고 이들에게 장기 고용을 보장하고 정당한 임금과 사업 발전 기회를 제공한다. 모든 공예가 그룹이 가정 폭력 피해자 지원 모델을 따르는 건 아니지만, 모든 수익은 여성들이 지역 사회 내 폭력적인 성차별 문화에 맞설 수 있도록 돕는 일에 쓰인다. 2015년 1월 2일, 페어 아니타는 미네소타 주 공식 공익법인이 됐으며, 2017년 말에는 매출 목표를 200퍼센트나 초과 달성해 연간 매출액이 무려 50만 달러에 이르렀다.

맥브리엔은 개인적인 이유로 이 여정을 시작했지만, 자신의 경험을 활용해 공감의 불꽃을 쏘아 올렸다. 그리고 마침내 수익을 창출하면서 위험에 처한 전 세계 여성들에게 자립할 힘을 길러줄 수 있는 비즈니스 모델을 고안해냈다. 조이 맥브리엔은 진정한 공감형 리더의 전형이다.

페어 아니타는 공감 능력이 어떻게 기업가 정신으로 이어지는지 완벽하게 보여준다. 어떤 기업은 인생이 송두리째 흔들리는 고통을 겪은 개인이 설립하기도 하며, 세상을 도우려는 그 사람의 의지가 바로 기업을 이끄는 동력이 된다. 또 어떤 기업은 세상 사람들의 고통이나 괴로움을 목격한 후 직접 행동할 수 있는 회사를 설립해 그들을 도우려는 선구자가 만들기도 한다. 어떤 쪽이든 기업가 정신과 공감 능력이 만나면 눈부신 성과를 이룰 수 있다는 건 확실하다.

모든 공감형 리더가 창업자나 사업가, 임원의 자리에 있는 것은 아니다. 어느 자리에 있든 누구나 공감 리더십을 발휘할 수 있으며, 실천 방법 또한 무궁무진하다. 앞서 '공감 능력이 비즈니스에 미치는 영향'에서 살펴보았듯 공감형 리더는 지속적으로 조직 구성원의 충성심을 고취시키며, 바로 그 충성심이 유의미한 시장성과로 이어진다. 그런데 공감 리더십을 실천하려면 구체적으로 어떻게 해야 할까? 이윤을 추구하는 기업 리더들은 어떻게 개인의 공감 능력을 기업 차원의 공감 능력으로 확장할까?

공감 능력은 색다르고 뛰어나며 더 유용한 상품을 만들려는 기업가들의 열망에 불을 지핀다. 사람들을 향한 한 개인의 공감 능력이 어엿한 기업을 설립하고 발전시키는 동력이 될 수 있다. 통찰력과 더불어 타인의 처지를 헤아리는 힘을 갖춘 리더는 공감이 핵심 가치인 기업을 만들어, 다양한 배경의 직원들을 이끌고 격려하며 실제로 세상에 변화를 가져올 수 있다. 물론 이윤을 창출하면서 말이다. 사실 세계에서 가장 흥미롭고 혁신적이라는 평가를 받는 기업들은 공감 능력이 뛰어난 사람들이 설립했거나 경영하고 있으며, 덕분에 직원 및 고객과 놀라울 정도로 친밀한 관계를 맺고 있다.

공감 리더십의 또 다른 장점들에 대해 살펴보자.

직원들의 충성심을 고취한다

리더가 진실하게 공감하는 마음을 표현하면 조직 구성원들을 안심시킬 수 있다. 서로 마음을 터놓자고 입으로만 이야기하지 말고 자신의 '마음의 문'이 계속 열려 있음을 알려줄 때 효과가 커진다. 리더가 모두 각자의 입장을 서로 이해하고 존중하며 일하자는 자세를 취하면, 사내 정치로 과열된 분위기를 안정시키는 데 큰 도움이 된다. 리더가 진심으로 자신들을 위하며 자신들의 입장을 헤아려준다고 생각할 때, 직원들은 피드백이나 소수 의견을 더 적극적으로 받아들일 것이다. 이처럼 서로 신뢰하는 업무 환경에서는 과감히 위험을 감수하고 창의성을 발휘하며 일에 몰입하기가 훨씬 수월해진다. 조직에서 안정감과 배려심을 느끼면 최선을 다해 일에 매진하며, 갈등을 일으키지 않고 업무 완성도를 높이는 데 집중하게 되기 때문이다.

리드테크의 데이브 발라이는 직원들에게 지지를 보내고 공감하는 일의 가치를 실제 경험을 통해 잘 알고 있다. 그의 리더십 철학은 공감에 뿌리를 두고 있다. "당신의 역할이 무엇이든 개인의 성공은 팀의 성공과 직결됩니다. 돈을 내고 서비스를 이용하는 고객들뿐 아니라 그들에게 양질의 서비스를 제공하고자 애쓰는 직원들도 중요하다는 뜻이지요. 직원들은 당신의 지지와 이해가 제일 많이 필요합니다. 어떤 직급의 직원이라도 현재 제 위치를 뛰어넘어 성장할 수 있고, 저는 그에 대해 전혀 거부감이 없습니다. 그런 일 자체가, 조직이 리더에게 줄 수 있는 최고의 보상이라고 생각해요. 금전적인 보상을 이야기하는 것이 아닙니다. 서로 돕고 나누는 것을 말하는 겁니다. 장기적으로 보면 이는 실제 수익으로 이어집니다."

리더가 직접 진심을 담아 공감하는 모습을 보여주면 직원들의 충성도는 높아질 수밖에 없다. 그리고 시간을 들여 직원과 고객을 이해하려 노력하고, 그들의 시각에서 상황을 바라보며, 그에 따라 행동하는 리더들은 훨씬 더 빨리 목표를 달성할 수 있다.

조직의 목표를 달성해내는 결단력

공감형 리더는 모든 사람을 만족시켜야 하므로 결단력이 부족해질 수밖에 없다고 생각할지도 모르겠다. 실은 그렇지 않다. 공감은 모든 이해 당사자들의 요구에 '굴복'하는 것이 아니다. 오히려 공감형 리더들은 정보를 수집해 심사숙고한 뒤 단호하게 실행에 옮긴다. 모두의 입장을 '고려'한 유익한 판단을 내림으로써 균형을 잡으려 노력하는 것이다.

르네 메티Renee Metty는 마음챙김 수련을 코칭해주는 기업 위드퍼즈With Pause의 창립자로 기업가, 임원, 조직, 교육계 리더들이 업무 성과를 높이고 목적의식이 있는 삶을 살 수 있게 돕고 있다. 그녀는 AT&T(세계 최대의 미국 통신 기업-옮긴이)와 마이크로소프트, 시트릭스Citrix(미국의 소프트웨어 기업-옮긴이) 등 다양한 기업에 컨설팅을 제공해왔다. 공감 능력은 그녀의 업무에서 매우 중요한 역할을 한다. 그녀는 공감형 리더들과 공감 능력이 뛰어난 사람들은 다른 이들보다 결단력이 약한 것이 아니라 더 강하다고 주장한다. "이 말은 누군가를 놔줘야 할 때도 있다는 뜻입니다. 그 사람이 제대로 된 결과를 내놓지 못하는 이유가, 업무가 적성에 맞지 않거나 끔찍하게 싫어서일 수도 있거든요."

또한 공감 능력을 갖춘 리더는 문제를 가진 구성원도 이해하고 포용함으로써 조직의 목표를 달성해낸다. "조직 구성원들을 체스판 위의 말이 아니라 사람이라고 생각하면 동정심을 갖고 행동할 수 있을 거예요. 공감할 줄 아는 사람들은 업무 능력이 떨어지거나 모두를 미치게 만드는 팀원을 봐도, 집안 사정이나 정신없이 바쁜 일정을 생각하며 어느 정도 이해해줍니다. 이 사람들은 관점을 바꿔 팀원의 처지를 생각한 다음 배려하는 행동을 취할 수 있는 거예요."

이처럼 공감형 리더는 다양한 각도에서 큰 그림을 보고, 객관적인 시각에서 중대한 결정을 내릴 수 있다.

발 빠른 대처와 공감대 형성

사업에 성공하려면 다양한 시각을 가진 사람들이 모여 문제를 해결하고 목표를 성취해야 한다. 이러한 대인 관계가 핵심이다. 아무리 업무 처리 과정을 재설계하고 화려한 기술로 무장해도, 서로 화합하지 못하는 팀이 최대한의 역량을 발휘할 수는 없다. 건강하고 효율적인 방식으로 팀을 이끌기 위해서는 리더가 직원들의 니즈와 사내 인간관계에 대해 정확하게 알고 있어야 한다. 직급이 다른 직원들 사이에서 일어나는 일에도 귀 기울이고 문제를 처리해야 하는 것이다.

클리어리대학Cleary University의 이사장이자 총장인 제이슨 보이어스Jayson Boyers는 사회생활을 시작한 뒤에 곧 공감이 직원들의 업무 몰입도와 생산적인 팀 분위기 형성에 큰 영향을 끼친다는 사실을 알게 됐다. 이 깨달음 덕분에 그는 새로운 아이디어를 발굴해내고 변화를 통해 사람들을 효과적으로 이끌 수 있었다. 그는《포브스Fobes》에 다음과 같은 글을 기고했다.

나는 일을 시작하고 얼마 지나지 않아 벽을 무너뜨리고 마음의 문을 열게 만드는 공감의 힘에 대해 깨달았다. 그 후 경력을 쌓고 회사에서 가장 큰 부서를 감독하는 책임을 맡고 보니, 직원들의 낮은 사기, 리더에 대한 불신, 고객 유지 문제 등을 해결하려면 극적인 개선책이 필요했다. 무리하게 내 의지를 관철하거나 정리해고를 단행하는 대신, 직원 한 명 한 명과 마주 앉아 회사에 관한 생각을 물어보고 상황을 개선할 방법에 관해 이야기했다. 직원들에게 공감하고 그들의 참여를 이끈 결과, 우리는 성공으로 가는 길을 만들 수 있었다.

상황이 완벽하게 호전되었다고 말할 수 있으면 좋겠지만, 다른 회사로 가면 더 만족스럽게 일할 수 있을 거라 느낀 직원들도 있었다. 하지만 우리는 해야 할 일에 관한 논의를 멈추지 않았다. 남아 있는 직원들은 내가 항상 새로운 아이디어에 열려 있음을 알고 있었다. 의견이 서로 달라도 마음껏 생각을 표현할 수 있는 통로가 생기자, 사람들은 회사의 방향과 성공에 지대한 관심을 보이게 되었다.

여기서 얻을 수 있는 교훈은 무엇일까? 공감형 리더는 서비스를 이용하는 고객들뿐만 아니라 팀원들이 무엇을 원하는지도 항상 알고 있어야 한다는 것이다. 그러면 더 효과적이고 빠른 해결책을 고안해 낼 수 있어 생산적인 관계가 형성된다. 직원들은 현 직장에 만족하게 되고 리더들은 의사결정 시 다양한 시각을 고려할 수 있게 되는 것이다. 개개인의 학습 스타일이나 피드백을 받아들이는 자세 또는 동기부여 요소를 파악하고 있으면, 적절한 리더십 전략을 활용해 직원들의 업무 역량을 최대한 끌어올릴 수 있다. 이렇게 다른 시각에서 바라보고 타인의 이야기에 귀 기울이려는 마음가짐을 갖추면 더 나은 결정을 신속하게 내릴 수 있다.

이와 같은 발 빠른 대처와 결정 전에 다른 이들의 의견을 참고하는 태도는 사내 인간관계 만족도뿐 아니라 외부 고객의 만족도까지 증가시킨다. 고객의 의견이나 목소리를 전혀 반영하지 않고 현실과 동떨어진 결정을 내린다면, 누구도 사고 싶지 않은 제품을 만들게 된다. 하지만 업무 환경이 진화하고 시장의 판도가 바뀌며 고객의 니즈가 급변하는 오늘날의 상황에서도, 많은 리더들이 '무엇이 최선인지는 내가 잘 안다'라고 생각하는 덫에 빠져 혁신에 실패한다.

급변하는 시장에 대한 적응력

공감형 리더는 시시각각 바뀌는 고객의 니즈를 열린 마음으로 받아들이며 자신감을 가지고 변화에 대응한다. 내부 직원들 혹은 외부의 이해 당사자들과 건설적인 대화를 나누며 새로운 아이디어가 뿌리내리도록 한다. 또 끊임없이 새로운 피드백과 의견을 수용한다. 그렇게 함으로써 제품이 변화와 진화를 통해 고객의 새로운 니즈를 충족시키도록 하는 것이다.

보이어스는 다음과 같이 주장한다. "기업의 성공은 리더의 공감 능력과 적응력, 주변의 장점을 활용하는 능력, 업계에 대한 이해력에 달려 있습니다. 기업이 실패하는 이유는 대개 리더가 업계 현황을 세밀하게 살피는 노력을 멈추고 회사라는 우물에 갇혀 지내기 때문입니다. 성공한 기업가들은 위기를 받아들이는 동시에, 회사 안팎에서 무슨 일이 벌어지고 있는지 꿰뚫고 있습니다."

앞서 언급했던, 시애틀 소재의 자산 관리 회사 브라이튼 존스의 공동 창립자 겸 CEO인 존 존스는 일반적인 업계의 시각보다 총체적인 관점에서 자산 관리를 바라보고 회사를 세웠다. 즉, 고객이 경제적 풍요와 더불어 몸과 마음의 풍요도 누리는 삶을 살 수 있게 돕는 것이 자산 관리 회사의 역할이라고 생각한 것이다. 고객의 눈으로 세상을 바라본 태도 덕분에 그는 독자적인 사업 모델을 개발하고 유일무이한 고객 서비스를 제공하는 회사를 세울 수 있었다.

기존의 자문 회사들은 업계 표준에 따라 받는 대가만큼의 서비스만 제공했으므로, 브라이튼 존스와 절대 같은 위치에 설 수 없었다. 공감형 자산 관리사인 존스는 수수료를 챙기는 영업 사원이 아닌 진정한 고객 맞춤형 CFO로 거듭날 기회와 틈새시장을 포착해냈다. 존스와 그의 공동 창립자 찰스 브라이튼은 고객들과 대화를 나눈 끝에 자산 관리사가 정말 고객의 이익을 생각하는 건지, 아니면 단순히 본인들의 주머니를 채우려는 건지 많은 고객이 의심스러워한다는 사실을 알게 되었다.

이에 대해 존스는 이렇게 말했다. "그동안 금융 업계 사람들이 상품에만 집중했다는 사실을 깨달았습니다. 자문을 제공하긴 했지만, '이 상품에 가입하셔야 합니다' 식의 자문이었죠. 훌륭한 상품도 많지만 형편없는 상품도 많아요. 하지만 고객들은 바빠서 시간을 따로 내 모든 정보를 살펴볼 수 없습니다. 그래서 우리의 추천 상품이 자신에게 가장 이익이 된다고 그냥 믿고 넘어가길 원하는 거죠."

이 같은 통찰을 바탕으로 존스는 회사를 매력적이고 수익성 있는 틈새시장으로 이끌었다. 브라이튼 존스는 고객의 의견을 경청하고 고객의 니즈에 따라 변하고 적응할 수 있는 사업 모델을 구축한 끝에 공감 능력이 뛰어난 회사라는 평판을 얻었다. 앞서 '공감 능력이 비즈니스에 미치는 영향'에서 매출액과 성장률이 놀랍게 치솟았다고 설명했듯이, 그들은 이 모든 걸 훌륭하게 일궈냈다. 단 두 사람이 시작한 기업 브라이튼 존스는 설립 후 20년이 채 지나지 않아 현재 175명이 넘는 직원들이 근무하는 기업으로 성장했으며, 포틀랜드, 샌프란시스코, 스코츠데일, 워싱턴 D.C.에 지사를 두고 있다. 게다가 11년 연속으로 '일하기 좋은 기업'에 선정되었는데, 이는 워싱턴 주에 있는 다른 기업들은 한 번도 달성하지 못한 성과다.

공감 리더십의 장점은 다양하며 그 영향력은 매우 강력하다. 이제 공감 리더십이 무엇인지 알았으니, 자기 자신 혹은 주변 리더들이 어떻게 해야 공감 리더십을 기르고 발전시킬 수 있는지 궁금할 것이다. 이제 공감과 온정을 베푸는 리더로 거듭나는 전략에 대해 알아보자.

체크포인트

모든 리더는 기업과 브랜드가 공감의 가치를 추구하도록 이끌 수 있다. 공감형 리더가 되면 개인적 그리고 조직적으로 많은 이익을 얻을 수 있다.

- **공감 능력은 기업가 정신을 자극하는 촉매제가 된다:** 어떤 기업은 인생이 송두리째 흔들리는 고통을 겪은 개인이 설립하기도 한다. 세상을 도우려는 그 사람의 의지가 바로 기업을 이끄는 동력이 되는 셈이다. 또 어떤 기업은 타인의 고통이나 괴로움을 목격한 후 직접 행동할 수 있는 회사를 설립해 대응하려는 선구자가 만들기도 한다. 페어 아니타의 창립자 조이 맥브리엔은 폭력의 피해자인 여성들이 직접 만든 공예품을 판매해 그들의 경제적 자립을 지원하는 동시에, 피해 경험을 서로 이야기할 수 있는 안전한 장소를 제공하고 있다.

- **공감형 리더는 직원들의 충성도를 높인다:** 진정한 공감의 태도를 보이는 리더들은 팀원들의 마음을 편안하게 만들어준다. 이런 리더들은 시간을 들여 직원과 고객을 이해하려 노력하고, 그들의 시각에서 상황을 바라보며 그에 따라 행동한다. 그리고 이를 통해 훨씬 더 빨리 목표를 달성할 수 있다.

- **공감형 리더는 결단력 있는 결정을 내릴 수 있다:** 공감형 리더는 다양한 시각이 담긴 정보를 수집하고 사람들의 의견을 고려해 단호하게 실행에 옮긴다. 그들은 다양한 각도에서 큰

그림을 보고 객관적인 시각에서 중대한 결정을 내릴 수 있다.

◆ **공감형 리더는 위기에 신속하게 대처하고 조직 안팎으로 공감대를 형성한다:** 공감형 리더는 서비스를 이용하는 고객들뿐만 아니라 팀원들의 니즈까지도 파악하려 노력한다. 그러면 더 효과적이고 빠른 해결책을 고안해낼 수 있어 생산적인 관계가 형성된다. 그들은 직원들이 현재에 만족감을 느끼도록 해주고, 개인의 성향을 고려해 동기를 부여하며, 의사결정 시 다양한 의견을 고려한다.

◆ **공감형 리더는 적응력이 뛰어나다:** 공감형 리더는 시시각각 바뀌는 고객의 니즈를 열린 마음으로 수용하여 자신감을 가지고 변화에 대응한다. 내부 직원들 혹은 외부의 이해 당사자들과 건설적인 대화를 나누며, 새로운 아이디어가 뿌리내리도록 한다. 또 새로운 피드백과 의견의 수용을 멈추지 않는다. 그렇게 함으로써 정책을 수정할 수 있을 뿐 아니라, 제품이 변화와 진화를 통해 고객의 새로운 니즈를 충족하도록 한다.

공감형 리더의 습관과 특징

조직 통솔력을 높이는 공감 근육 단련을 위한 7가지 전략

리더십은 곧 공감 능력이다. 즉, 사람들과 교감하여 그들의 삶에
영감과 용기를 불어넣는 능력을 말하는 것이다.
_ 오프라 윈프리Oprah Winfrey, 「오프라 윈프리 쇼 The Oprah Winfrey Show」 진행자이자 방송인

리더십은 조직 안에서 다양한 형태로 나타날 수 있으며, 공감 역시 수많은 방법으로 표현될 수 있다. 그렇다면 공감형 리더가 되기 위해서 개인적으로 어떤 노력을 해야 할까? 기존 기업 문화에 공감의 씨앗을 싹틔우기 위해 현재 나의 위치에서 할 수 있는 일은 무엇일까? 만약 스스로가 공감 능력이 부족한 사람이라는 생각이 든다면 어떻게 해야 할까?

겁먹을 필요는 없다. 연구에 따르면, 공감 능력은 인간의 타고난 본성이며 생존에 꼭 필요한 자질이다. 당신이 공감하는 마음을 얼마

나 잘 표현하느냐는 생활 속에서 공감 근육을 활용하고 단련시킬 기회를 얼마나 자주 갖느냐에 달려 있다. 공감 리더십을 노력으로 얻기는 힘들지 않을까 하는 생각이 들면 다음과 같은 사실을 기억하라. '공감'에 회의적인 폴 블룸 박사조차 『공감의 배신』에서 "공감 능력은 단순한 반응 이상의 의미를 지니며, 상상력을 통해 길러지고 견고해지고 발전하고 확장될 수 있다"라고 말했다. 이런 점을 생각하면, 공감 리더십 개발을 위한 충분한 용기를 얻을 수 있을 것이다.

지금부터 공감 리더십을 기를 수 있는 일곱 가지 핵심적 전략을 살펴보자.

1. 현재에 집중하기

주의가 산만하고 머릿속이 잡생각으로 가득 차 있다면 다른 사람의 입장을 헤아리거나 명확하게 사고할 수 없다. 오히려 공감과는 정반대인 방어적인 반응을 보이기 쉽다. 지금 내 코가 석 자인데 다른 사람의 이야기를 경청할 여유가 있을 리 없지 않은가.

앞서 '공감의 의미'에서 언급했던 자네트 존슨 박사는 기업들이 목표를 달성하고 결과를 유지하도록 도와주는 일상적 과정이나 절차, 습관을 디자인하는 일을 하고 있다. 그녀는 신경과학적 원리에 기반한 마음챙김 명상과 리더십 전략을 지도한다. 그녀의 워크숍에서는 방어적 행동의 위험성을 해소하기 위한 여러 가지 활동을 직접 해볼 수 있다.

존슨 박사는 마음챙김을 할 때 자제력의 중요성을 강조한다. "제 고객들이 꾸준히 이야기하는 것 중 하나가, 바로 충동적인 행동에 대한 자제력을 얻기가 굉장히 어렵다는 겁니다. 그게 가능하다면 우리는 더 훌륭한 선택을 할 수 있지요. 즉, 우리가 의도한 대로 반응할 수 있는 겁니다. 자제력은 공감과 동정심을 표현하는 행동을 할 때도 중요한 역할을 합니다."

마음챙김 명상 코치 르네 메티도 이런 존슨 박사의 의견에 동의한다. "과거의 감정과 생각을 들여다보고 무엇이 나를 자극하는지 살펴보면 많은 것을 깨달을 수 있습니다." 우리는 다른 사람들의 상황이나 그들의 행동 뒤에 깔린 이유를 이해하려 하기보다는 자신의 경험과 상황을 그들에게 투영시키려고 한다. 이는 공감을 실천할 때 엄청난 걸림돌이 된다. 리더들과 직원들이 조금이라도 마음챙김 명상을 수련한다면, 감정에 흔들리지 않고 동료와 팀에 집중하며 더 잘 공감하고 온정을 베풀 수 있다고 메티는 생각한다.

현재에 집중한다고 해서 사회적 성취가 더뎌지는 것은 아니다. 메티의 고객들은 대부분 회사에서 높은 성과를 달성하는 사람들이다. 메티 자신도 A형 행동 양식(성급하며 경쟁적인 것이 특징인 성격 유형-옮긴이)을 보이는 과잉 성취자overachiever로 항상 일밖에 모르는 사람이다. 하지만 속도를 늦추고 나서야 자신의 장점 및 사업가이자 고성과자로서의 자기 능력을 발견할 수 있었다(고객에 대한 공감 능력은 말할 필요도 없다). 그녀는 고객을 만나고 전국으로 강연을 다니고 회사를 운영하는 것도 모자라 시애틀에 마음챙김 교육을 실천하는 유치원을 세워 성공적으로 운영하고 있다. 그녀는 이렇게 말했다. "물론 마음챙김이 만병 통치약은 아닙니다. 하지만 좋은 수단은 될 수 있어요. 완전한 깨달음을 얻었다고 해도, 그 깨달음으로 아무것도 하지 않는다면 무슨 의미가 있겠어요? 많은 것을 새롭게 알게 되었으니 낡은 사고방식에서 빠져나와 뭔가 의미 있는 일을 하려는 겁니다."

직장에서 공감과 동정, 이해심을 베풀고 싶은가? 그렇다면 한 걸음 물러나 현재에 집중하고 속도를 줄여나가는 방법을 실천해야 한다. 존슨 박사는 이에 대해 이렇게 설명한다. "우리 뇌에는 과한 자의식과 자기중심적인 사고방식을 바로잡아주는 부분이 있습니다. 그부분을 활성화하는 것 중 하나가 바로 평온함입니다. 어떤 이유에서건 감정적으로 흥분된 상태에서는 자의식을 바로잡아주는 부분이 제역할을 하지 못합니다. 그래서 우리가 감정의 영향력 아래에 있을 때는 타인에게 깊이 공감할 수 없습니다."

많은 리더가 절제와 헌신을 성공의 열쇠로 언급하는데, 마음챙김도 똑같은 효과를 발휘할 수 있다. 특히 매일 아침에 하는 운동이나 독서처럼 일상의 일부로서 단단히 자리매김한다면 더더욱 그렇다. 즉, 반복해서 버릇처럼 만들어야 한다. 그럼 어떻게 현재에 집중하는 연습을 해야 마음속에 공감이 자리할 공간을 만들 수 있을까?

핵심은 작은 것부터 실천하는 것이다. 꾸준히 할 수 있는 일을 골라 지속하도록 하자. 메티는 이렇게 말한다. "일정 시간을 채우는 것보다 매일 하는 것이 중요합니다. 그래야 '오늘은 넘어가고 내일부터 다시 하자' 식의 타협을 막을 수 있습니다."

단 5분이라도 좋은 시작이 될 수 있다. 매주 30분이 아닌 하루 5분을 투자할 수 있다면, 그렇게 하도록 하자. 꾸준히 하다 보면 연습이 연습을 낳는다. 그리고 어느 순간 갈등을 해결하고 다른 이의 관점을 이해하며 온정을 베푸는 자신을 발견하며 스스로 효과를 체감할 수 있을 것이다.

다음은 매일 5분에서 10분 정도 시간을 들여 해볼 수 있는 간단한 마음챙김 수련이다. 무엇이 본인에게 가장 잘 맞는지 확인한 뒤에 달력에 시간을 기록하고 반드시 지키자.

- 조용한 곳에 앉아 내 마음 들여다보기
- 자신에게 편한 방식으로 명상하기
- 들숨과 날숨에 집중하며 천천히 심호흡하기
- 뜨개질하기
- 일기 쓰기
- 산책이나 스트레칭하기
- 잠깐씩 달리기

직장에서 마음챙김을 수행하려면 주의를 산만하게 하는 방해물부터 치우는 게 좋다. 휴대폰을 멀리하고 이메일은 쳐다보지 말자. 회의 전후나 휴게 시간마다 실천하고, 다른 직원들에게도 똑같이 행동하기를 권하자. 멀티태스킹은 금물이다. 대화할 때는 모니터를 꺼야 한다. 한 가지 일에 몰입할 수 있는 환경을 조성하는 것이 중요하다.

리사 레이놀즈Lisa Reynolds는 크리스터스 헬스CHRISTUS Health의 인재 경영 부문 부사장이다. 크리스터스 헬스는 텍사스 주 어빙에 있는 건강 관리 기업으로 텍사스 주, 루이지애나 주, 뉴멕시코 주뿐 아니라 멕시코, 칠레, 콜롬비아에도 의료 시설을 두고 있다. 42000명이 넘는 직원들이 미국과 남미에서 근무하고 있으며, 60개의 종합 병원과 300개 이상의 내과 병원, 독립형 병원, 응급실을 운영 중이다.

이런 크리스터스 헬스의 핵심 가치 중 하나가 바로 온정이다. 이는 공감, 사랑, 배려의 정신을 기반으로 하는 서비스를 뜻한다. 크리스터스 헬스는 그러한 성격이나 성향이 있는 사람들을 채용한다. 인재를 고용해 성공하는 리더로 키워낸 경험이 풍부한 레이놀즈는 이렇게 말한다. "공감 능력이 뛰어난 리더들은 현재에 집중합니다. 함께 일하면서 이런 사실을 느낄 수 있었어요. 다시 말해, 누군가의 요청이 있을 때는 휴대폰 화면의 스크롤을 내리며 이메일을 읽거나 컴퓨터 키보드를 두드리지 않더군요. 그들은 온전히 현재의 순간에 충실하려 합니다."

2. 경청과 겸손한 자세

공감을 실천하려면 다른 사람에게 무슨 일이 벌어지고 있는지 살피고, 그의 말을 적극적으로 경청해야 한다. 온종일 본인 이야기만 한다면 할 수 없는 일이다. "내 생각엔 이렇게 해야 해"라는 말로 끼어드는 대신, 상대방의 이야기를 듣고 그에 대해 어떤 반응을 보일지 곰

곰이 생각해보라.

공감 리더십에는 사람들의 경험, 이야기, 관점에 귀를 기울여, 그 정보를 바탕으로 일정한 패턴을 유추해내는 작업을 반복할 수 있는 자제력이 요구된다.

사실 나 역시 꾸준히 이렇게 행동할 수 있는 사람이 아니다. 문제 해결을 돕고 싶다는 간절한 마음에 가끔 팀원들에게 좋은 아이디어가 있다는 사실을 잊어버리기도 한다(대개 그들의 생각이 내 생각보다 더 낫다). 하지만 의식적으로 적극적인 경청 마인드를 새기고 대화에 참여하면(나는 이를 '내면의 입마개'를 착용한다고 표현한다), 놀랄 정도로 문제가 수월하게 풀린다.

리드테크의 데이브 발라이는 기업가들이 다른 것도 아닌 듣기에 실패하는 상황에 특히 난감해한다. "공감 능력이 뛰어난 기업가들을 찾아보기가 힘들어요. 너무 이론적이어서 교과서 너머는 보지 못하는 사람들이거나 너무 정치적이어서 타인을 배려할 줄 모르는 사람들뿐이죠. 타인의 생각에 귀 기울이고 공감할 줄 아는 사람들이 매우 드물고 귀합니다. 여러 가지 부담을 떠안은 상황에서 그렇게 하려면 인내심이 많이 필요하거든요."

경청을 위해서는 목표 중심 리더십에서 성과 중심 리더십으로 사고방식을 전환해야 한다. 경청하는 리더는 가장 긍정적인 변화를 이끌어낼 수 있는 솔루션을 중시하며, 그것을 제시한 사람이 누구인지는 중요하게 여기지 않는다. 또한 군림하지 않고 섬기려 한다.

리드테크는 경청에서 겸손으로 이어지는 연결고리를 강화하는 방법으로 봉사 활동을 제안한다. 이에 대해 발라이는 이렇게 말한다. "우리는 경영진에게 이사회에 참가하라고 권유합니다. 저도 여러 비영리 단체의 이사회에서 의장을 맡고 있습니다. 이는 서번트 리더십servant leadership(타인에 대한 봉사에 초점을 둔 리더십으로 '섬기는 리더십'이라고도 한다-옮긴이) 마인드를 기르는 데 정말 많은 도움이 됩니다."

브라이튼 존스의 공감 전략 이사 코리 커스터는 리더들에게 경청과 겸손의 태도를 갖추라고 주문한다. "조직을 이끌거나 컨설팅을 할 때는 전문가인 나만 믿고 따라오라고 말하는 방법도 있지만, 훨씬 더 설득력 있게 말하는 다른 방법도 있습니다. '사실 저도 이 분야에 통달했다고 할 수는 없습니다. 배우는 중이에요. 감성 지능과 사회 지능에 초점을 두고 하고 싶은 말이 많습니다. 여러분 모두 이 대화에 참여해주었으면 합니다.' 이렇게 말하면 더 진정성이 느껴지지요."

리더가 쉬지 않고 말하는 데다 다른 사람들의 발언 기회마저 빼앗아버린다면 스스로 무신경함을 광고하는 꼴이다. 리더가 말을 줄이고 귀를 열어야 자신의 의견보다 다른 사람의 의견을 더 중시한다는 메시지가 전달된다. 이처럼 겸손한 서번트 리더십을 갖춘 리더들은 공감 능력이 뛰어나고 타인과 격의 없이 소통하며 모두에게 감동을 준다.

적극적 경청을 실천하라. 섣불리 본인 의견을 내세우지 말고, 사람들에게 의견을 표출하고 이야기하고 표현할 시간과 기회를 줘라. 말할 차례를 기다리느라 안달복달하지 말고, 사람들의 이야기에 집중하라. 그러면 동료들과 부하 직원들이 배우고 공유하기 원하는 통찰력을 무궁무진하게 얻게 될 것이다.

3. 호기심을 잃지 않기

『공감: 진심으로 움직이게 만드는 힘』의 저자 로먼 크르즈나릭에 따르면, 뛰어난 공감 능력을 가진 사람들의 주요 특징 중 하나가 낯선 사람들을 향한 지칠 줄 모르는 호기심이다. 이들은 자기 자신보다 타인에 더 흥미를 보이며, 타인의 삶과 세계관에 대해 배우고 싶어 한다. 그들의 타고난 개방성은 다양한 시각으로 세상을 이해하는 데 도움을 준다.

페어 아니타의 창립자 조이 맥브리엔의 호기심은 혁신적인 사회적 기업을 만드는 아이디어로 이어졌다. 전 세계의 가난한 농촌 지역에 사는 가정 폭력 피해자들의 삶을 개선하고 그들에게 가장 도움이 되는 사업 아이디어를 찾기 위해, 맥브리엔은 6년 동안 대략 열여섯 개 나라를 돌아다니며 수많은 여성들을 만났다. 그런 만남을 통해 다양한 문화적 배경의 여성들에게 어떤 형태로 폭력이 가해지는지 더 자세히 조사할 수 있었다. 그녀는 열린 자세를 유지하며 사회적 기업 창립의 아이디어를 발전시켰다. "자기 자신의 아이디어를 너무 쉽게 받아들이지 않는 태도가 중요합니다. 처음에 배우고 듣는 데 집중해야 나중에 자신이 추구하는 가치를 더해야 할 지점이 보입니다."

이렇듯 마음에서 우러나오는 호기심이 없었다면, 맥브리엔은 공예품 작가들이 아이들을 보호하기 위해 집에서 일할 수밖에 없다는 사실이나 그들이 지구 반 바퀴 거리에 있는 고객들과 관계를 맺는 것에 자부심을 느낀다는 사실 등을 절대 알지 못했을 것이다. 그녀가 여성들의 조언이나 의견을 열린 자세로 받아들이지 않았다면, 마을의 다른 여성들에게도 주체적인 삶을 살 기회가 주어지도록 그녀의 계획이 성공하길 간절히 바란 작가들의 마음을 알 수 없었을 것이다.

킴 보어Kim Bohr는 기업의 고유 영역에 집중하고 있지만 이러한 접근법에도 동의한다. 기업의 수익과 성과, 직원들의 사기 증진에 도움을 주는 전문 경영 전략 컨설팅사 디이노바레그룹The Innovare Group의 창립자 겸 CEO인 그녀는 고객들에게 속단하지 말고 적극적으로 질문하라고 권한다. 그녀가 기업 임원들에게 제공하는 컨설팅은 고객 전략에 공감과 호기심, 리더십 개발을 추가해야 한다고 강조하는 것으로 유명하다. 이 세 가지가 기업 솔루션에 포함되어야, 경영진들이 적절한 리더십을 갖추고 기존 문제의 재발을 막을 수 있다는 것이다.

이에 대해 보어는 이렇게 말한다. "복잡한 기업 문제를 해결할 때, 우리는 늘 성급하게 판단하거나 비관하지 말고 문제에 맞서라고 합니다. 그렇게 해야 호기심과 더불어 다른 이의 성장을 도와주고 싶은 순수한 마음을 갖출 수 있기 때문이죠. 대화를 시작할 때 저는 이러이러한 행동이 반복돼서 나타나 걱정이 된다고 말합니다. '제가 확실히 이해할 수 있게 해당 문제에 대해 더 자세히 이야기하고 싶어요. 당신의 문제가 무엇인지 진심으로 궁금합니다. 이것을 알아가는 과정에서 다른 새로운 것들을 배우는 일이 저한테는 정말 중요합니다. 그래야 당신의 상황에 더 공감할 수 있고, 우리가 함께 해결책을 찾을 수 있으니까요. 문제가 되는 행동을 바꾸려면, 당신이나 팀에 어떤 도움이나 지원이 필요할까요?' 이런 식으로요."

한편, 보어는 섣부른 충고는 호기심과 정반대의 효과를 불러올 수 있다고 경고한다. "질문은 하지 않고 매번 충고만 한다면 직원들에게 스스로 생각하는 힘을 저해하는 훈련을 시키는 셈이죠. 충고는 얼핏 빠른 해결책으로 보이지만, 사실 상대방에게 폐가 되는 거예요. 이 방법이 나한테 통했으니 상대방에게도 통할 거라는 생각이 들 수도 있습니다. 하지만 반드시 그렇진 않아요. 스스로 해결책을 찾고 더 깊이 문제의 본질을 파고들 수 있게 도움을 주는 정도의 호기심만 보여주어야 합니다. 이렇게 하는 편이 훨씬 더 효과가 좋습니다. 공감은 사람들에게 스스로 내린 결정과 그에 따른 결과를 받아들일 수 있는 여유를 선물합니다."

누구에게나 신속하게 어떤 사안을 결정해야 하는 때가 온다. 실행에 옮기기 전에 끝없이 동의를 구하는 우유부단한 리더만큼 팀원들은 답답하게 만드는 사람도 없다. 하지만 최종 결정을 내리기 전에 정보 수집 차원에서 사람들의 이야기를 경청하고 그들에게 공감한다면, 원하던 특정한 방향으로 결정이 나지 않더라도 팀원들은 결과를 수용할 것이다. 그리고 이런 리더는 나중에 열심히 이야기를 경청한 보람을 느끼게 될 것이다. 결정된 내용을 어떻게 알려야 하는지, 최선의 성과를 이끌어내기 위한 메시지를 어떻게 전달해야 하는지, 누구보다 잘 알기 때문이다.

4. 상상력을 발휘하기

공감 능력을 더 키우고 싶다면, 다른 사람의 입장이 되어보아야 한다.

하지만 매일 저녁 직원들과 시간을 보내거나 전 세계 수천 명의 고객 집에 일일이 방문할 순 없는 노릇이니, 이때는 상상력을 발휘할 필요가 있다. 다양한 시각이 담긴 이야기를 접하는 것은 다른 이의 마음을 들여다보고 어떤 느낌일지 떠올려볼 수 있는 좋은 기회다.

저마다 다른 인종적·젠더적·경제적 배경을 가진 작가들이 쓴 역사 교양서나 전기, 소설 등을 읽어보라. 아주 먼 이국땅에 살거나 자신과 사회경제적 환경이 극적으로 차이 나는 사람들에 관한 다큐멘터리도 시청해보라. 모국어가 통용되지 않는 나라로 여행을 떠나도 좋다(몇 시간 정도만 항구에 정박하는 크루즈 여행을 말하는 것이 아니다). 이국적인 음악, 음식, 예술을 경험해보는 것도 좋은 방법이다.

나는 취미로 연기를 하는데, 영화와 연극만큼 공감 능력을 마음껏 펼치기 좋은 무대도 없다고 생각한다. 말 그대로 그 순간에는 다른 인물의 삶과 감정에 흠뻑 빠질 수 있기 때문이다. 등장인물들은 주로 우리가 한 번도 겪어보지 못한 경험을 하거나 이해할 수 없는 배경을 가지고 있다. 특히 연극은 실시간으로 타인의 삶을 엿보는 것과 같다. 이런 경험은 당신을 조금은 바꿔놓을 것이다. 연극에 대한 선호도가 그리 높지 않다면, 이야기체 영화narrative film나 다큐멘터리를 선택해도 좋다. 때로는 호들갑스러운 블록버스터나 스타를 내세운 작품을 벗어나 과감한 선택을 해보자.

다음 이야기는 상상력이 어떻게 공감 능력을 향상시키며 성공적인 기업가 정신으로 이끌어주는지 잘 보여준다.

오래전, 디나 부흐빈데르Dina Buchbinder는 멕시코시티에 있는 학교 교실에 앉아 있었다. 디나는 지루했다. 그녀는 공부를 잘하는 학생이 아니었다. 학교에 가야 하는 이유도 이해할 수 없었고 배우는 내용도 재미없었다. 활동적인 또래 소녀들처럼 디나도 선생님이 칠판을 보고 중얼거리는 동안 가만히 앉아 필기를 하는 것보다 사람들과 교류하고 소통하는 것을 더 좋아했다.

그런데 중학교에서 지리를 가르치는 선생님이 그녀에게 새로운 세상을 열어주었다. 기발한 아이디어로 무장한 이 선생님은 상상력을 발휘해 아이들을 데리고 '여행'을 떠났다. 아이들은 지구본을 찬찬히 살펴 목적지를 고른 다음, 그곳의 문화와 전통에 관련된 모든 것을 배웠다. 상상 속 여행지에서 엽서를 쓰기도 했다. 학생들은 교실에서 한 발자국도 움직이지 않고 전 세계의 신기한 나라, 환경, 민족에 대해 배웠다. 디나의 가슴속에서 불꽃이 일기 시작했다. 마침내 모든 것이 이해가 됐다. 학교에 다니는 이유를 깨달았다. 우리가 사는 곳 너머의 세상을 이해하고, 다양한 생각과 문화, 경험이 지구를 아름답게 만든다는 사실을 배우기 위해서였다. 국가와 국가, 사상과 사상, 개인과 개인 사이의 퍼즐을 풀기 위해 학교에 다니는 것이다. 제대로 된 학교 교육은 암기가 아니다. 문화를 탐구하고 놀이와 같은 강력하고 의미 있는 학습 도구로 세상과 연결되게 해주는 것이다.

이후 디나는 멕시코 자치 공과대학Instituto Tecnológico Autónomo de México에서 국제 관계학을 공부했고, 일본 정부가 후원하는 교환학생 프로그램인 '세계 청년들을 위한 배Ship for World Youth'에 참가하게 되었다. 그리고 두 달간 태평양 국가들을 여행하며 다양한 국가와 문화에 대해 배웠다. 여행 중 한 여성과 친해졌는데, 그녀는 놀이로 아이들을 가르치는 캐나다의 독특한 교육 프로그램에 관해 이야기해주었다.

디나는 그 이야기를 듣고 가슴이 뛰었다. 중학교 지리 선생님의 창의력을 한 번도 잊은 적 없었던 그녀는 예전에 자신의 내면에 잠들어 있던 배움에 대한 갈증에 불을 지폈던 것이 놀이를 통한 교육이었음을 깨달았다. 그녀는 아이들이 배움에 욕심이 있다는 걸 잘 알고 있었다. 그런데 아이들이 본인처럼 학교 교육 방식을 지루해한다면? 미래의 리더들과 변혁가들을 양성할 수 있는 완전히 새로운 교육 과정을 만들 필요가 있었다.

멕시코로 돌아왔을 때, 친구들은 디나의 아이디어를 비웃었다. 누구도 그녀의 얘기를 진지하게 받아들이지 않았다. 친구들은 그저 사기업과 공공 기관에 취업하길 원했기 때문이다. 디나는 웃으며 이렇게 말했다. "살면서 '사회적 기업'이라는 말을 한 번도 들어본 적이 없었어요. 제겐 그저 뭔가 색다른 것을 해보고 싶다는 욕심뿐이었죠. 제 마음의 목소리가 다음 세대에게 좋은 영향을 줄 수 있는 의미 있는 일을 해야 한다고 말했습니다. 그래서 그냥 한번 해보기로 했죠."

2007년, 멕시코에서 디나는 파트너와 함께 스포츠와 게임을 통해 초등학생들에게 공감 능력과 팀워크, 다른 문화를 이해하는 태도 등을 가르치는 '데포르테스 파라 콤파르티르Deportes para Compartir'(나눔을 위한 스포츠라는 뜻)를 설립했다. 예산과 자원이 거의 없었던 그녀와 파트너는 캐나다의 프로그램을 본떠 교과 과정을 구성했지만, 게임과 스토리, 전략 등은 농촌이나 원주민 사회의 실정에 맞게 수정했다.

그들은 치와와 주의 원주민 사회, 멕시코시티에 있는 서로 다른 성향의 사립학교 두 곳, 칸쿤 주거 지역 근처 공립학교 등 극도로 성격이 다른 네 개 지역에서 시범적으로 프로그램을 선보였다. 그들은 이 아이디어가 대박을 터트릴 만한 것임을 증명하고 싶었다. 그리고 실제로 그렇게 됐다.

이후 데포르테스 파라 콤파르티르는 '에두카시온 파라 콤파르티르Educación para Compartir'라는 더 큰 조직에 속하게 되었다. 미술, 과학, 디지털 시민 교육과 더불어 프로젝트를 시작하는 법과 스스로 변화를 만들어내는 법을 가르치는 계획이 추가됐기 때문이다.

디나는 어린 나이에 상상력을 동원하여 공감의 의미를 터득할 수 있는 기회를 얻었다. 그리고 자라서는 모든 나이대의 젊은이들에게 공감의 힘을 받아들이고 변화를 만들어내라고 용기를 주는 기업을 설립해 이끌고 있다. 디나의 선생님이 그녀에게 공감하는 마음으로 세상을 바라보는 법을 가르쳐주었고, 그 덕분에 그녀는 다음 세대에게도 이 가르침을 알려야겠다는 확신으로 움직이는 공감형 리더로 성장할 수 있었다. 아름다운 연쇄 작용이다. "사람들뿐 아니라 지역 사회 및 전체 사회와 소통할 때 세상을 더 많이 이해할 수 있습니다. 주의 깊게 관찰하면 문제를 해결할 수 있고, 다양한 시각과 해결책을 볼 수 있게 되지요. 이게 바로 저희가 하려는 일입니다. 창의적인 교육 프로그램으로 아이들을 공감 능력이 뛰어나고 배려심과 열린 마음을 가진 시민으로 키우는 것이 목적이에요. 세상을 더 나은 곳으로 만들어줄 기발한 방법을 찾을 수 있도록 말이에요."

상상력을 발휘하려면 어떻게 해야 할까? 나와 다른 삶을 사는 사람의 이야기를 찾아 배우고 이해하려고 노력해보자. 그 사람의 이야기를 보거나 들으면서 나의 편견에 의문을 던져보자. 비슷한 상황에서 나는 어떻게 할 것인지 상상해보자. 숨 막히게 아름다운 그림이나 머릿속을 맴도는 음악의 뒷이야기에 대해 알아보자. 그런 다음 그 작품을 만든 화가나 음악가의 입장이 되어, 그들의 감정이나 상황 또는 작품을 만들 당시의 지정학적 배경에 관해 탐구해보자.

상상력을 이용하면 공감 근육을 키울 수 있다. 이렇게 키운 근력은 동료나 팀원, 고객과 매일 함께 달려야 하는 하루하루의 경주에서 빛을 발할 것이다. 몸에 기억이 새겨지듯, 시간이 지날수록 생각하고 소통하는 방식에 공감의 태도가 기본값으로 자리 잡게 될 것이다.

5. 자신감 키우기

공감형 리더가 되고자 할 때 주의해야 할 점은 스스로를 먼저 돌봐야 한다는 것이다. 당신은 자신감이 충만한가? 지금 당신의 상황은 어떠한가? 자기 자신에게 공감하고 스스로를 따뜻한 눈길로 바라보고 있는가?

다소 뜬구름 잡는 이야기처럼 들리겠지만, 실은 아주 보편적인 상식이다. 항공사 승무원들이 승객들을 도와주기 전에 먼저 자신들이 산소마스크를 써야 하는 것과 비슷하다. 타인에게 공감하고 온정을 베풀려면 먼저 스스로에게 똑같이 할 수 있어야 한다. 다시 말해, 본인이 산소마스크를 쓰지 않으면 누구도 도울 수 없다.

티베트불교 비구니이자 교육자 페마 초드론 Pema Chödrön은 저서『모든 것이 산산이 무너질 때: 희망과 두려움을 걷어내고 삶의 맨 얼굴과 직면하는 22가지 지혜 When Things Fall Apart: Heart Advice for Difficult Times』에서 이렇게 쓰고 있다. "자신의 모든 영역, 즉 원치 않는 부분과 꼴도 보기 싫은 결함까지 너그럽게 받아들여라. 이것이 공감의 처음과 끝이다."

건강한 자신감이 뒷받침되지 않으면 현재에 집중하고 경청하며 호기심을 유지하기가 훨씬 더 어려워진다. 불안과 걱정으로 마음의 여유가 없기 때문이다. 스스로를 의심하고 부정적인 생각에 조바심치는 사람이 타인에게 공감할 에너지를 가지고 있을 리 없다. 초드론에 따르면, "타인을 향해 마음을 활짝 열지 못하는 유일한 이유는, 그들이 우리 내면을 혼란스럽게 만들까 봐 두렵고 스스로 그것을 처리할 만한 자신이 없기 때문이다."

바꿔 말해, 우리는 자신감이 부족하거나 두려움에 지배당할 때 공감 능력을 잃어버린다. 뒤집어서 생각하면, 우리가 단단한 자신감(절대 자만심이 아니다)을 기반으로 행동할 때 나와 반대되는 의견에도 귀를 기울이며 수용할 수 있다. 자기 자신을 신뢰하고 스스로의 가능성을 믿는 사람에게는, 다른 사람의 시각이나 기존의 틀을 깨부수는 생각이 위협이 되지 않는다. 이러한 바탕이 마련되지 않으면 공감 능력은 위험에 처한다. 하지만 자신감이라는 바탕이 있으면 공감 능력은 자연스럽게 발휘된다.

비즈니스 세계의 현장을 봐도, 공감형 리더가 자존심을 내려놓되 자신감 있게 다른 사람들의 아이디어나 의견을 경청할 때 성과를 거둘 수 있다. 피어스 컨버세이션스의 대표이사 스테이시 엔글은 이렇게 이야기한다. "리더로서 결단을 내려야 하는 순간에 합의를 구하려 하지 마세요. 당신의 임무는 조직을 위해 최선의 선택을 하는 것입니다. 올바른 선택이 아니라, 조직에 가장 적합한 선택 말이에요. 그러려면 기꺼이 도전을 감수하고 다른 사람들의 의견을 이해하려 노력해야 합니다. 다른 사람들의 의견에 항상 동의할 필요는 없지만, 열린 마음으로 들을 수 있어야 합니다."

그렇다면 리더로서 어떻게 자신감을 강화할 수 있을까? 물론 한 방에 모든 것을 해결하는 간단한 해법은 없다. 하지만 많은 전문가가 입을 모아 상당히 효과가 좋다고 말하는 방법이 있다. 바로 열심히 일하고 기꺼이 도전하며, 고난을 이겨내는 힘이 자기 안에 있음을 스스로에게 증명해 보이는 것이다.

지금부터 소개하는 크고 작은 활동들을 실천하면, 당신도 자신감을 키울 수 있다.

• 목표를 설정한 후 그 과정을 기록하라

결과가 눈앞에 선명하게 나타나기 전까진 우리가 어디까지 왔는지 혹은 얼마만큼 목표를 달성했는지를 항상 객관적으로 파악하기가 어려울 수 있다. 성취에 얼마나 다가섰는지 확인하는 일은 스스로를 격려하고 마음을 다잡는 효과를 불러온다.

- **성공을 마음껏 축하하라**

  큰 목표의 성취뿐만 아니라 그 과정 속 각각의 작은 성취까지 모두 기념하자. 추진력을 잃지 않으려면 반드시 이렇게 해야 한다.

- **팀원들과 함께 360도 평가를 수행하라**

  이 활동을 왜 해야 하는지 이해하기 어려울 수 있다. 팀원들이 자신의 단점을 전부 잡아낼지 모른다는 걱정을 하는 사람도 있을 것이다. 물론 그럴 수 있다. 하지만 이 활동을 통해 당신의 강점 또한 주목받을 것이다. 타인이 우리 자신보다 우리의 역량과 재능을 더 정확히 파악하고 있는 경우가 많다.

- **'하이파이브'를 외치던 순간의 기록을 간직하라**

  칭찬을 들었거나, 감사함 또는 성취감을 느꼈던 모든 의미 있는 순간들을 기록해두었다가 자신감이 떨어질 때 펼쳐보자. 내게는 '달콤한 기록'이라는 이메일 폴더와 '영감'이라고 이름 붙인 서랍이 있다(서랍 안에는 실제로 대학교 장학 증서, 입학 통지서 등이 들어 있다. 가끔 한참 시간을 거슬러 올라가야 할 때도 있지만, 그럴 만한 가치가 있을 것이다).

- **본인이 믿을 수 있는 사람으로 사업 파트너 혹은 이사회를 구성하라**

  당신이 올라가고 싶은 위치에 있는 사람들 혹은 당신을 믿고 지지하며 편파적이지 않은 시각을 제시해줄 사람들을 찾아라. 이는 나 자신이 스스로를 의심할 때 솔직한 피드백을 받을 수 있는 아주 좋은 방법으로, 계속 발전하고 혁신하고 성장하는 리더가 되도록 도와줄 것이다.

• 만트라로 생각을 뒤집어라

중요 회의 시작 전에 2분간 이렇게 되뇌어라. "나는 변화를 만들어내고자 이곳에 왔다." 심호흡 후 마음을 다잡고 회의실로 들어가라. 리사 얼 맥레오드 Lisa Earle McLeod는 세일즈 리더십 컨설턴트이자 『고귀한 목적으로 판매하라 Selling with Noble Purpose』와 『진실의 삼각형: 크고 작은 갈등을 해결하는 놀랍고도 간단한 비법 The Triangle of Truth: The Surprisingly Simple Secret to Solving Conflicts Large and Small』을 쓴 저자다. 그녀는 앞의 문장대로 고객사를 코칭하고 있으며, 실제로 변화를 일으키고 있다. 그녀는 이렇게 말한다. "'나는 변화를 만들어내고자 이곳에 왔다'와 '나는 이 일을 처리해야 한다'는 생각의 결이 다릅니다. 스스로의 틀을 깨고 다른 사람들의 시각을 수용하면 더 당당하고 안정감 있는 모습을 보여줄 수 있습니다."

• 마음껏 즐겨라

고등학교 때 친구들과 가졌던 즉흥 모임이나 처음 운전대를 잡았던 순간처럼 인생에 기분 좋은 시간이 찾아오면 음악을 듣자. 황당한 이야기처럼 들릴지 몰라도, 맥레오드를 비롯한 일부 전문가들은 고객들이 가슴을 펴고 기운을 차리는 데 음악이 도움을 준다고 주장한다. 음악을 들으면 자신감이 차올랐던 순간으로 되돌아갈 수 있기 때문이다. 당신에게도 효과가 있을지 모르니 시도해보기를 권한다.

6. 현장으로 뛰어들기

다른 사람의 삶을 살며 그들의 시각을 체험해보는 행위를 '경험주의 저널리즘experiential journalism'이라고 부른다. TV 프로그램 「언더커버 보스Undercover Boss」에서는 CEO가 변장을 하고 일선에서 뛰는 직원들이 있는 현장으로 간다. 아무도 보는 사람이 없다고 여겨지는 곳에서 직원들이 매일 어떤 일을 당하는지, 또 고객 만족과 회사를 위해 자기 자신을 희생해가며 얼마나 영웅적인 행동을 하는지 지켜보는 경험은 리더들의 눈을 번쩍 뜨이게 한다. 리더들은 실무진보다 더 많이는 아니더라도 적어도 그들만큼 현장에서 시간을 보낼 필요가 있다.

앤드류 마크스Andrew Marks는 기업의 고객 만족도 향상과 고객 성공 사례 확대, 평생 가치 창출을 집중적으로 도와주는 경영 컨설팅 회사 석세스해커SuccessHACKER의 공동 창립자다. 석세스해커의 고객사들은 똑똑한 직원이 넘치는 혁신적인 기술 기업들이지만, 공감 능력과 감성 지능이 부족할 때도 있어서 사내 문화의 기반을 바꾸려면 전문적인 도움이 필요하다. "고객 성공 관리를 가장 잘하는 기업에는 EQ가 높고 공감 능력이 뛰어난 직원들이 있습니다. 다른 사람의 입장에서 생각하는 능력은 고객의 불편 사항과 감정이 상한 마음에 대한 이해를 표현할 때뿐 아니라, 사무실 밖 현장에서 고객들로부터 무엇을 보고 듣고 느끼는지 조직에 보고할 때도 굉장히 중요합니다."

마크스는 리더가 고객과 소통하지 않을 때 무슨 일이 벌어지는지 들려주었다. 고객에게 설문지를 발송해 해당 기업을 추천할 의향이 얼마나 되는지 물어보는 순수고객추천지수Net Promoter Score 조사에서 부정적인 평가를 받은 한 기업과 함께 프로젝트를 시작한 지 얼마 되지 않은 시점이었다. 마크스의 경험에 따르면, 낮은 평가를 준 동시에 구체적으로 문제점을 언급한 고객은 대화를 원한다. 즉, 시간을 허비해가며 기업을 깎아내리려는 의도가 아니라 문제에 관해 이야기하고 싶어 하는 것이다. 마크스는 엔지니어링과 상품 책임자를 비롯한 경영진에게 고객 명단을 각각 할당하여 직접 연락을 취하는 방안을 제시했다. 이 전략에 대해 듣고 고객사의 CEO는 다음과 같이 반응했다. "엔지니어링과 상품 책임자들이 고객들과 이야기하느라 시간을 낭비하는 걸 바라지 않습니다." 이 말은 곧, 고객의 시각을 이해하기 위해 호기심을 가지고 현장에 뛰어들 마음이 전혀 없다는 뜻이었다. 이에 마크스는 고객 성공 관리를 잘하는 기업으로 발전하는 데 적절한 도움을 줄 수 없다고 판단해, 해당 고객사와의 계약을 해지했다. CEO가 고객의 어려움에 공감하는 고객 중심 기업의 가치를 믿지 않았기 때문이다.

앞서 언급한 리더십 컨설턴트 엘렌 페트리 린스는 애플에서 근무할 때 고객 중심 사고방식 덕분에 충성도 높은 고객들과 원활하게 소통할 수 있었다. 그녀의 말에 따르면, 스티브 잡스는 고객의 이메일을 하나하나 훑으며 유형을 파악하는 일에 굉장히 능숙했다고 한다. 잡스는 이메일을 분석해 애플의 고객들이 무엇을 원하고 열망하는지 파악했다. 그의 통찰력은 제품 구상과 사업 전략 수립의 토대가 되었다. 잡스는 어디에서든 고객들과 멀찍이 떨어져 있기를 거부했다. 다만, 현장에 뛰어드는 대신 개인 사용자의 피드백을 살펴보기로 했을 뿐이었다.

이런 소통의 문제와 관련해, 린스는 이렇게 말한다. "익숙한 사람들하고만 소통하게 되면, 서로 상투적으로 동의만 주고받게 됩니다. 일종의 '반향실echo chamber' 속에서 살아가게 되는 것이죠. 시야를 조금이라도 넓혀주고 '난 한 번도 이렇게 생각해본 적이 없는데'라고 느끼게 해주는 사람들과 교류해야, 진정으로 공감 능력을 키우고 생각의 폭을 넓혀 지금보다 더 좋은 제품을 만들 수 있습니다."

크리스터스 헬스의 인재 경영 부문 부사장 리사 레이놀즈도 린스의 말에 동의한다. "공감형 리더는 직원들을 단순히 일만 하는 사람으로 보지 않아요. 인격체로서 그 사람을 이해하고, 그의 삶에도 관심을 보입니다. 의사결정 과정에도 참여시키고요. 무언가 잘못되고 있다는 걸 감지하면 공감형 리더들은 원인을 유추하는 대신 질문을 던집니다."

당신이 리더라고 해서 변장한 채로 하루 종일 언더커버 보스처럼 지낼 필요는 없다. 하지만 평소와 다른 일을 해보면 직원들이나 고객들에게 어떤 상황이 발생하는지 파악하는 데 도움이 될 것이다. 하루나 일주일 정도 현장에 나가보자. 고객 지원 전화를 걸고 영업 상담도 해보고, 고객 사이트를 방문해 회사 제품이 어떻게 사용되는지 알아보거나 비서의 업무 목록을 살펴보라(회사의 연말 파티나 직원들의 휴가 일정을 망치지만 않으면 된다). 창의적으로 생각하자. 리더로서 당신이 절대 하지 말아야 할 행동은 이런 경험을 '하찮은 일'이라고 여기거나 고객과의 소통을 시간 낭비라고 생각하는 것이다.

7. 합의점 도출하기

공감 능력은 주로 타인의 상황에 자기 자신을 대입하는 상상력으로 설명되지만, 자신의 상황을 타인의 상황과 겹쳐서 이해하는 능력으로 의미가 확장될 수 있다. 공감형 리더는 이와 같은 생각을 수용하고 동료와 직원, 고객과 합의점을 찾으며 이를 실천한다.

사업가이자 요가 강사인 안나 게스트-젤리Anna Guest-Jelley는 자신의 공감형 브랜드를 론칭할 때 경험을 공유하는 것이 얼마나 중요한지 직접 경험했다. 그녀는 10년이 넘게 요가를 수련했는데도 항상 모인 집단에서 체중이 가장 많이 나가는 사람이었다. 사시사철 다이어트 중이던 그녀는 어느 날, 지금껏 해온 다이어트가 무려 65개나 된다는 사실을 깨달았다. "이렇게 생각했죠. '66번째 다이어트는 필요 없어. 내게 필요한 건 내 몸과 새로운 관계를 맺는 일이야.'"

깨달음을 얻은 게스트-젤리는 테라피를 받으러 가거나 책을 읽고 요가 수련을 계속하며 자기 몸을 더 자세히 이해하는 여정을 시작했다. "어느 날, 문제는 내 몸이 아니라 나 같은 체형을 가진 사람들을 제대로 못 가르치는 강사들이 아닐까 하는 의문이 들었어요." 그녀는 자신이 요가 수련에 '적합한' 체형을 갖고 있지 않아 강사들이 헤맨다는 사실을 깨달았다. 강사들은 자신들과는 전혀 다른 체형을 가진 그녀가 요가를 제대로 받아들이고 있는지 알 수 없었던 것이다. 이에 자극을 받은 그녀는 요가 지도자 과정에 등록했다. 사업을 시작하려는 의도는 없었지만, 같은 처지에 놓인 사람들과 정보를 나누고 싶다는 생각이 강하게 들었다. 자신이 사실을 깨닫기까지 너무나 오랜 시간이 걸렸기 때문이다.

게스트-젤리는 블로그를 시작했고, 그 후 재미 삼아 요가 강좌도 열었다. 처음엔 동네에서, 나중엔 전국으로 강의를 하러 다녔다. 모두가 그녀의 수업을 듣고 싶어 했다. 그렇게 커비요가Curvy Yoga는 2011년에 급성장하는 기업으로 떠올랐다. 현재 커비요가는 수련자들을 위한 온라인 강좌를 비롯해, 자신의 몸을 있는 그대로 사랑하는 바디 포지티브body-positive 요가 강사 모임, 인기 블로그 계정, 팟캐스트를 운영하고 있다. 또 각종 DVD를 발매하고 『커비요가: 나와 내 몸을 좀 더 사랑하는 방법Curvy Yoga: Love Yourself & Your Body a Little More Each Day』이라는 책을 펴냈다. 게스트-젤리는 요가 수련회도 운영하고 있으며, 다양성과 수용, 공감에 바탕을 둔 방법으로 요가 강사들을 양성 및 인증하고 있다. "요가 강사 교육은 보통 날씬하고 유연하며, 요가에 적합한 체형을 가진 사람들 위주로 구성되어 있습니다. 하지만 절대다수의 사람들은 그런 체형을 갖고 있지 않아요. 제가 잘 압니다. 제가 바로 통통한 체형의 소유자거든요. 그래서 전 강사들에게 자기 몸을 받아들이는 방법을 가르칩니다."

게스트-젤리는 모든 체형의 공통점을 찾는 것에 집중한다. 그녀는 자신에게 교육받는 강사들은 날씬한 체형의 소유자라도 다른 체형을 가진 사람들의 입장을 헤아릴 수 있어야 한다고 말한다. 강사가 다양한 체형과 나이대의 사람들을 이해하고 요가를 사랑하는 모든 사람에게 나타나는 공통점에 집중하면, 수강생들은 안정감과 편안함을 느낀다. 그리고 이는 요가 수련에 도움이 된다. 경험과 능력, 니즈가 교차하는 부분을 강조함으로써 강사들은 편안한 학습 환경을 조성할 수 있다. 공통점을 강조하여 공감을 표현할 수 있는 것이다. "제 생각에 공감은 '당신이 이런 일을 겪고 있다고 생각합니다' 식의 관점이 아닙니다. 상대방에게 무슨 일이 일어나고 있는지 귀 기울여 듣는 것이죠. 제 일에서는 사람들의 경험과 이야기를 경청하고, 거기서 반복되는 패턴을 찾아내는 것이 매우 중요해요."

게스트-젤리는 수강생들의 입장을 대부분 이해할 수 있지만, 자신역시 다른 사람들에게 공감하는 연습을 해야 한다는 걸 잘 알고 있다. "제 몸이 통통하다고 해서 체형이 비슷한 사람 모두와 똑같은 경험을 하는 건 아니니까요. 우리는 모두 자기만의 시각을 갖고 있어요." 그녀는 공감하는 마음을 바탕으로 회사를 설립했고, 현재 그녀의 회사 커비요가는 전 세계 요가 강사들의 마음에 공감의 씨앗을 뿌리고 있다.

린다 J. 폽키Linda J. Popky는 포화 상태인 시장에서 기업과 리더들이 돋보일 수 있게 도와주는 전략 마케팅 전문가 겸 코치다. 마케팅 전략을 분석하고 제공하는 회사 레버리지2 마켓어소시에이츠Leverage2 Market Associates를 창립했고, 『노이즈 마케팅을 넘어서: 마케팅으로 전략적 이득을 취하는 방법Marketing above the Noise: Achieve Strategic Advantage with Marketing That Matters』을 썼다. 또 독립 컨설턴트를 위한 최고의 글로벌 기업 중한 곳을 이끌고 있기도 하다. 폽키는 의견이 서로 다른 상황에서도가치를 찾을 수 있게 고객사를 도와주고 격려한다. "생각이 다른 사람을 공격하지 않고 합의하는 데 집중한다면, 적당한 수준의 갈등은 틀을 깨부수는 아이디어와 혁신으로 이어질 수 있습니다."

나와 다른 생각을 피하지 않고 수용하며 동료, 부하 직원, 고객과 합의점을 찾을 준비가 되었는가? 이를 위한 몇 가지 실천 방안을 제시한다.

• 모두에게 지침이 되는 우선순위 대원칙을 찾아 정확히 정의하라

폽키에 따르면, 이것은 다소 모호하게 들릴지 몰라도 꼭 거쳐야 하는 과정이다. 예를 들어, '우리 모두 회사를 성공으로 이끈다' 또는 '우리는 모두 고객이 다시 찾는 서비스를 제공하려 한다'와 같은 원칙에서, '모두가 수긍할 수 있는 해결책을 함께 찾는 것'이 모두가 우선적으로 따라야 하는 대원칙이라는 사실을 명확히 밝혀야 한다.

• 별로 중요하지 않아 보여도 모두의 의견이 일치하는 사항에 집중하라

이는 당신과 동료, 부하 직원, 고객이 양극화된 이분법적 사고를 버리고 각각 나름의 스펙트럼을 찾을 수 있게 도와준다. 입장과 견해 차이의 농도가 단계적인 경우에는 각자 조금씩 서로에게 다가가 상호간의 이해를 증진할 수 있다. 단, 그 사이에 건널 수 없는 골짜기가 있다면 절대 서로 가까이 가는 길을 찾지 못할 것이다.

• 마음속 진실에 다가가라

누군가 당신이 반대하는 의견을 주장할 때도 있을 것이다. 왜 그럴까? 그들의 진짜 의도는 무엇일까? 당신은 품질 저하를 우려해 반대하는 비용 삭감을 그들은 원한다면, 그들의 마음속 진실은 재정적 책임에 대한 부담일 것이다. 충분히 질문을 던져 사람들의 마음속 진실에 다가가보라. 그러면 생산적인 대화를 나누고 서로에게 이익이 되는 해결책을 도출할 수 있다. 앞서 소개한 세일즈 리더십 컨설턴트 리사 얼 맥레오드는 이에 대해 이렇게 말한다. "여러분은 마음속 진실, 즉 사람들의 주장 이면에 숨어 있는 의도를 파악해야 합니다. 그럴 수 없다면 질문을 해야 하고요. 합의점을 찾고 싶다면 불확실성을 받아들이고 다른 사람의 마음속 진실을 파악하는 일에 적극적으로 나서야 합니다. 마음속 진실은 대개 사람의 마음을 움직이는 동력입니다. 모두에게 만족스러운 최적의 해결책을 찾고 싶다면 겉으로 드러난 주장과 숨은 의도를 잘 구별해야 합니다."

- **다른 단어로 표현하라**

"당신의 '의향'은 무엇인가요?"라고 질문하라. 단어 선택은 정말 중요하다. '의향'이라는 단어는 더 깊은 내면의 동기를 찾는 데 도움을 준다. 맥레오드는 앞선 질문이 "당신의 '목표'는 무엇인가요?"보다 더 상대의 마음을 열리게 한다고 말한다. 자기 생각과 행동의 이유, 원하는 것 등을 훨씬 더 자세하게 설명해야 하기 때문이다.

- **서로의 체면을 지켜줘라**

동료가 아슬아슬한 행보를 펼치고 있다면 체면을 유지하며 중심으로 돌아오는 길을 알려주자. 즉, 더 큰 목표를 위해 자잘한 승리는 포기할 준비가 되어 있어야 한다.

- **반대 의견을 억누르지 마라**

  집단적 사고는 종종 최악의 결과를 가져온다. 폽키에 따르면, 조직 내 갈등은 사람들을 불편하게 만들 수도 있지만, 적절히 관리만 된다면 혁신으로 이어질 수 있다. 직원들이 자유롭게 문제를 제기하고 각 대안의 장단점을 따진 후 어떻게 할지 결정할 수 있는 분위기를 조성해야 한다.

- **좋은 의도로 생각하고 판단을 보류하라**

  사람들의 의도가 선하다고 생각해야 열린 마음으로 대화에 임할 수 있다. 맥레오드는 이렇게 조언한다. "비판적인 시각과 판단의 차이를 제대로 이해하는 것이 중요합니다. 좋든 나쁘든 한번 판단을 내리게 되면, 멋대로 상대방을 재단하거나 정확한 근거도 없이 상대를 비난할 수 있습니다." 판단은 상대방에게 내 감정을 덧댄다는 뜻이다. 하지만 비판적 시각은 감정을 걷어내고 실제 무슨 일이 일어나는지 본다. 맥레오드의 비유를 기억하도록 하자. "비판적 시각은 생물학자가 세포를 관찰하는 행위에 가깝습니다. 생물학자가 '세포들아, 대체 왜 그러는 거야?'라고 말하지는 않지요."

- **"맞아요. 그리고……" 접근법을 활용하라**

  폽키는 "맞아요. 그런데……"라고 말하면 대화가 단절된다고 한다. "맞아요. 그리고……"라고 해야 생산적인 토론이 가능하다.

- **사람들과 연락하라**

  사람들과 관계를 지속하려면 일이 마무리된 후에도 긍정적인 피드백을 주고받아야 한다.

폽키는 마지막으로 다음과 같은 조언을 건넨다. "공감과 책임 회피를 혼동하지 마세요. 사람들의 의견을 경청하고, 그들의 의견이 제대로 전달되고 있으며 당신이 그것을 고려할 것이라는 확신을 줘야하는 건 맞아요. 그렇다고 해서 최종 결정을 다른 사람의 손에 맡겨서는 안 됩니다."

공감형 리더가 공감 문화를 만든다. 공감 문화를 형성하는 일은 한 개인에서 출발한다. 하지만 그 사람이 리더인지 아닌지보다는 조직 전체에 공감을 실천하겠다는 결심이 서 있는지 아닌지가 더 중요하다. 공감은 개인적인 차원의 일이라는 말도 지극히 맞는 이야기지만, 거기서 멈출 수는 없기 때문이다. 공감의 가치를 실생활에서 의미 있는 방식으로 실천하려는 조직 곳곳에 공감 문화가 스며들어야 한다. 다음에는 공감 문화가 자리 잡은 기업이 얻을 수 있는 혜택과 조직 내에 공감 문화를 싹틔우는 전략에 대해 살펴볼 것이다.

체크포인트

조직 내 리더십은 다양한 형태로 나타나며, 공감하는 마음 역시
수많은 방식으로 표현될 수 있다. 다음은 공감 리더십을 발휘할
수 있도록 스스로를 다잡는 일곱 가지 방법이다.

1. 현재에 집중하기: 주의가 산만하고 머릿속이 잡생각으로 가
득 차 있다면, 다른 사람의 입장을 헤아리거나 명확하게 사고할
수가 없다. 매일 5분이라도 명상이나 사색의 시간을 통해 마음
을 차분하게 만들자. 주의를 산만하게 하는 것들을 피하라. 멀티
태스킹은 금물이다.

2. 경청과 겸손한 자세: 공감 리더십은 사람들의 경험, 이야기,
생각을 듣고 섣부르게 충고하는 대신, 그 정보를 바탕으로 일정
한 패턴을 유추해내는 자제력이 필요하다. 겸손함을 갖추어라.
그리고 서번트 리더십을 실천하라.

3. 호기심을 잃지 않기: 공감 능력이 뛰어난 사람들은 자기 자신
보다 타인에게 더 흥미를 느끼며, 자신과 다른 삶이나 세계관에
대해 알고 싶어 한다. 열린 마음으로 여러 가능성을 염두에 두자.

4. 상상력을 발휘하기: 다양한 시각이 담긴 이야기를 듣는다면
타인의 마음을 들여다볼 좋은 기회를 얻을 수 있다. 당신과 다
른 형태의 삶을 사는 사람들이 주인공으로 나오는 영화, 다큐멘
터리, 예술, 연극, 음악, 전기 등에 몰입해보자.

5. 자신감 키우기: 건강한 자신감 없이는 현재에 집중하기, 경청, 호기심 유지가 훨씬 더 힘들다. 스스로를 의심하고 부정적인 시선에 안절부절못할 때는 타인에게 공감할 에너지가 없다. 자신감을 키우는 좋은 방법으로는 목표를 이루는 과정 기록하기, 나의 발전된 모습 기념하기, 객관적인 시각을 제공해주는 믿을 만한 파트너 찾기 등이 있다.

6. 현장으로 뛰어들기: 리더는 결코 어떠한 경험도 하찮게 여겨선 안 된다. 또 고객과의 소통을 시간 낭비라고 생각해서도 안된다. 팀원의 업무를 체험해보고 고객 지원 전화나 영업 상담 전화를 걸어보자.

7. 합의점 도출하기: 동료, 직원, 고객 모두와 소통할 수 있는 방법을 찾아보라. 경험과 능력, 니즈가 교차하는 지점에서 공동체를 형성할 기회를 발견할 수 있다.

THE
EMPATHY
EDGE

PART 3

공감 문화
조성하기

공감 문화의 장점

공감은 시간이 걸리는 일이다.
효율성은 일에 대해 쓰는 말이지, 사람에게 쓰는 말이 아니다.
_ 스티븐 코비Stephen Covey, 『성공하는 사람들의 7가지 습관 The Seven Habits of Highly Effective People』
저자이자 리더십 권위자

조직 구성원은 기업 가치의 전달자

일관성은 공감 문화가 갖춰야 할 필수 요소다. 당신의 브랜드가 시장
에 어떤 가치를 내걸었다면, 직원들은 실제 그 약속을 지켜야 한다.
그렇지 않으면 그 가치는 빈껍데기에 불과하다. 혁신적인 기업이라
고 말해놓고 위험을 회피하려는 사람들을 고용한다면 브랜드가 한
약속은 절대 진심으로 들리지 않을 것이다. 이는 마치 기업이 현금화
할 수 없는 '브랜드 수표'를 발행하는 일과 같다. 브랜드는 현실을 직
시하고 기업이 실제로 전달할 수 있는 가치에 뿌리를 둬야 한다. 그

런데 그 가치를 전달하는 사람은 누구인가?

바로 직원들이다.

직원들은 기업이 가진 최고의 브랜드 자산이다. 휘황찬란한 광고나 파격적인 마케팅에 투자하는 것도 훌륭한 전략이다. 하지만 기업이 직원 간 그리고 고객과의 소통에서 매일 강조하는 가치를 사내 문화 때문에 직원들이 실천하지 못한다면 브랜드 이미지는 순식간에 무너지고 말 것이다.

사내 문화는 기업이 시장에 전하고자 하는 외부 브랜드의 가치와 일치해야 한다. 그렇지 않으면 그 기업은 거짓말쟁이처럼 보일 수 있다. 브랜드가 내건 가치를 어떤 형태로든 실천하지 않으면 소비자들은 이를 금방 알아차릴 것이다. 온라인 쇼핑몰 자포스Zappos의 CEO 토니 셰이Tony Hsieh는 다음과 같은 유명한 말을 남겼다. "고객과 직접 대면하는 최일선 직원들만이 기업 브랜드에 영향을 미치는 것이 아닙니다. 모든 직원이 그럴 수 있어요."

조쉬 레빈Josh Levine은 작가이자 강연가이며 훌륭한 기업 문화가 곧 기업의 전략적 이점이라는 사실을 전파하는 교육자다. 그는 튼튼한 기업 문화와 브랜드를 구축하는 방법을 조언해주는 기업 문화 디자인 컨설팅사 그레이트 먼데이즈Great Mondays의 창립자이자 CEO다. 『위대한 월요일: 직원들에게 사랑받는 기업 문화를 디자인하는 방법Great Mondays: How to Design a Company Culture Employees Love』의 저자이며, 미래의 직업에 관한 다양한 논의를 큐레이션해주는 협업 커뮤니티 컬쳐랩스CULTURE LABx의 공동 창립자이기도 하다. 그는 훌륭한 사내 문화가 어떻게 한 기업의 가장 큰 경쟁력이 되는지 직접 지켜봐 온 사람으로서, 이렇게 이야기한다. "주목할 만한 재밌는 사실은 우리가 그동안 경쟁력을 효율성, 품질 보장, 디자인, 유능한 인재 영입 등으로 생각해왔다는 겁니다. 하지만 이런 요소들이 직원들에게도 꼭 이익이 되는 것은 아닙니다. 기업에만 이익이 될 뿐이죠. 하지만 훌륭한 기업 문화는 회사와 고객뿐 아니라 자본주의 역사상 처음으로 직원들에게도 그 혜택이 돌아가도록 해줍니다. 제 일이 바로 직원들이 본인을 포함해 회사와 고객을 위해 정말 좋은 선택을 내릴 수 있도록 도와주는 시스템을 만드는 겁니다."

이상적인 사내 문화를 만들려면 공감 능력을 활용해 서로 경청하고 이해하고 효과적으로 협업하는 것이 중요하다. 경쟁을 동력으로 삼거나 공포감으로 행동을 유발하는 사내 문화는 결코 진정한 혁신을 이룰 수 없다. 기업의 미래를 이끌 중대한 사업 결정을 내리려면 먼저 냉철하게 시장, 고객, 기회를 분석해야 한다. 그런데 이 같은 중요한 문제에 투자할 시간도 자금도 없는 지뢰밭 같은 기업 문화를 견뎌내느라 직장인들은 너무 많은 시간을 허비하고 있다.

레빈은 조직 내 여러 부서의 의견을 통합하는 일이 얼마나 중요한지 깨닫지 못했던 고객 한 명을 떠올린다. 그 사람은 이렇게 말했었다. "우리는 여러 부서 사람들을 모아놓고 한가하게 다과회나 벌이는 일에 시간을 낭비할 순 없습니다." 이러한 생각으로는 혁신적이고 시장을 선도하며 소비자에게 공감하는 문화를 만들 수 없다. 모든 경영진이 이렇게 한심한 생각을 한 건 아니었지만, 레빈과 직원들이 그 회사에 새로운 가치를 찾아주려는 노력은 실패로 돌아갈 수밖에 없었다. 직원들의 믿음이 부족해서가 아니라 고위 임원들이 레빈이 제시한 가치를 믿지 않았기 때문이다. 임원들은 레빈과 팀원들을 인사관리 도구로만 생각했다.

앞서 Part 2에서는 리더들의 공감 근육 단련법에 대해 살펴봤다. Part 3에서는 그 파급 효과를 내부 조직과 기업 문화 전체로 확장하는 방법을 알아보려 한다. 하지만 공감 문화를 조성하는 방법에 대해 파고들기 전에 먼저 공감 문화가 기업에 좋은 이유를 분석해보자.

높은 근속연수와 낮은 이직률

직장인들이 성취감을 높여주는 근무 환경을 추구하게 되면서 공감은 과거 그 어느 때보다 중요한 요소가 되었다. HR 전문가들에게 서비스형 소프트웨어Software as a Service 기반의 복리후생 관리 기술과 서비스를 제공하는 기업 비즈니스솔버Businessolver에서 조사한 2018년도 기업공감지수State of Workplace Empathy에 따르면, 직장인의 96퍼센트가 기업의 공감 능력을 중요하게 여긴다. 이는 2017년 이후 4퍼센트 증가한 수치다. 이렇게 명확한 메시지에도 기업이 공감 능력을 과소평가하고 있다고 생각하는 사람들이 92퍼센트에 달하며, 이는 2018년도에 비해 7퍼센트포인트 증가한 수치다. 최근 노동 시장은 최고의 인재를 영입하기 위한 경쟁이 치열해지는 동시에 경직성이 심화되고 있다. 이런 상황에서 진정으로 공감하는 모습을 보이지 않거나 온정을 베푸는 정책을 도입하지 않는 기업은 높은 이직률을 견뎌야 하며, 뛰어난 인재를 유치하는 데도 어려움을 겪을 것이다.

비즈니스솔버가 3년마다 발표하는 연구자료에 따르면, 많은 직장인이 공감 문화가 자리 잡은 기업에선 초과 근무 시간을 감수할 용의가 있다고 한다. 2018년에는 그 비율이 81퍼센트나 됐다. 비즈니스솔버에 따르면, 기술, 의료, 금융 서비스 업계에 종사하는 직장인들의 3분의 2 이상이 공감 능력이 뛰어난 기업이라면 임금 삭감도 감내할 수 있다고 답했다.

이에 대해, 비즈니스솔버의 최고 전략 책임자 래 샤나한Rae Shanahan은 이렇게 말한다. "저희는 공감 문화의 장점을 잘 알고 있습니다. 정책과 리더십, 사내 문화에 공감의 가치를 적용한 고객사들이 성공하는 모습을 많이 봐왔으니까요. 많은 기업이 공감이라는 사업 기회를 놓치고 있다는 것을 알게 된 후, 공감이 기업 혁신과 생산성, 수익에 미치는 영향력을 고객사들 및 다른 기업들이 깨닫도록 돕고 있습니다. 공감 문화는 직원들의 이직과 관련된 각종 비용을 절감해주는 동시에 전 조직의 협력을 촉진하고 업무 몰입도를 높여줄 수 있습니다." 기본적으로 공감 문화가 뛰어난 인재들이 회사에 머물며 열심히 일하고 싶게 만든다는 얘기다.

디엠퍼시비즈니스의 벨린다 파마는 《하버드 비즈니스 리뷰Harvard Business Review》 기사에서, 기업들을 컨설팅해준 경험을 바탕으로 이렇게 말했다. "구성원들의 공감 능력이 뛰어난 부서가 높은 성과를 달성할 확률이 80퍼센트나 된다는 사실을 알게 되었습니다."

높은 성과를 달성하는 인재들은 자신들에게 의미 있는 방식으로 인정받고 보상받기를 원한다. 공감 문화는 직원들이 존중받는다는 느낌을 받게 해주며, 개개인에게 적합한 보상 체계를 마련하고 업무 참여도를 높이는 방법을 찾는 데 훨씬 도움이 된다. 공감 문화가 없는 기업은 모든 직원을 기계적으로 대하게 되어, 결과적으로 능력 있는 사람들이 더 좋은 직장을 찾아 떠나는 상황을 맞는다.

최고의 관리자와 팀원이 서로에게 공감하고 기꺼이 온정을 베푸는 공감 문화를 장려하는 기업이 업무 몰입도가 높은 사람들을 끌어들인다. 실제 데이터도 이와 같은 사실을 보여준다. 공감 문화가 자리 잡은 기업은 직원들의 근속연수가 높고 이직률이 낮으며, 높은 업무 몰입도와 의욕을 자랑한다.

기업공감지수 연구에 참여한 응답자들은 공감 문화가 직원들의 사기를 고취하고 생산성을 높여준다고 답했다. 사람들은 공감의 가치를 중시하고 공감을 실천하는 문화와 그런 문화를 키워내는 기업을 알아보며 고맙게 생각한다. 직장인의 90퍼센트가 공감 문화가 자리 잡은 기업에서 더 오래 근무하겠다고 답했으며, 60퍼센트는 그런 기업에서 일한다면 임금 삭감도 받아들이겠다고 말했다. 이와 더불어 10명 중 8명의 직장인이 현재 근무 중인 기업에서 공감 문화가 사라지면 이직하겠다고 응답했다. 이와 같은 통계 결과를 봐도 알 수 있듯이, 공감 능력에 문제가 있는 기업은 직원들의 사기 저하와 높은 이직률에 이어 잠재적으로는 경제적 손실까지 맞닥뜨리게 될 것이다.

높은 생산성과 이윤 증대

크리스터스 헬스의 리사 레이놀즈는 공감 문화와 낮은 수익률을 연결 짓는 인식이 잘못되었다고 지적하며 다음과 같이 말했다. "영리를 추구하며 많은 수익을 내는 기업에서 일한다고 해도 충분히 관심과 공감, 위로를 표현할 수 있습니다. 이는 일부 직원들의 천성 덕분일 수도 있지만, 기업의 문화를 통해서도 얼마든지 가능하지요."

기업의 공감 문화가 순이익 증가로 이어질 수 있다는 증거는 충분하다. 앞서 언급한 비즈니스솔버의 2018년 기업공감지수 연구에 따르면, "압도적인 비율의 CEO들이 재무 성과와 조직 내 공감 문화가 서로 관계가 있다고 생각한다." 하지만 리더들과 직원들이 인식하는 공감에는 여전히 차이가 있다. 예를 들어, CEO의 90퍼센트가 자신의 기업이 공감을 실천하고 있다고 말했지만, 직원들의 경우 78퍼센트만이 그렇다고 평가했다.

공감 문화를 받아들인 리더들은 직원들의 업무 성과와 전반적인 재무 상태가 개선되었다고 말했다. 비즈니스솔버에 따르면, CEO의 87퍼센트가 사업 성과와 공감 능력이 직접적으로 연결되어 있다고 여긴다. 42퍼센트가 공감 능력은 기업을 빠르게 성장시키는 잠재력이라고 주장하며, 50퍼센트는 공감을 잘하는 기업일수록 소비자들을 위한 혁신적인 제품과 서비스를 잘 만들 수 있다고 생각한다.

이 수치들은 공감 능력이 기업의 순이익에 영향을 미친다는 사실을 보여준다. 실제로 공감 능력이 뛰어나고 업무 몰입도가 높은 직원들은 40퍼센트가 넘는 비율로 결근율을 줄일 수 있었으며, 생산성은

17퍼센트 높이고, 이직률은 24퍼센트 낮추었다. 오래된 속담처럼, 직원 만족이 곧 고객 만족인 셈이다. 직원들의 업무 몰입도가 높은 경우, 고객평가지수는 10퍼센트, 매출은 20퍼센트까지 증가했다. 직원들이 열정적으로 근무하고 매일의 업무에서 동기를 부여받기 때문이다. 사내 문화와 업무 환경에 공감의 가치를 심는다면 직원들의 잠재력을 깨워 몰입도와 성과를 높일 수 있으며, 이는 수익에도 긍정적인 영향을 미친다.

공감지수가 높은 기업들을 수년간 추적해보면 해마다 기업 이윤이 증가한다는 것을 알 수 있다. 벨린다 파마의 회사가 《하버드 비즈니스 리뷰》에 발표한 글로벌 공감지수를 보면, 2015년도 상위 10개 기업의 주식 가치는 하위 10개 기업의 두 배 이상으로 증가했으며, 전년 대비 시가 총액 기준으로 50퍼센트 이상의 수익을 창출했다.

공감 능력은 비용 절감에도 도움이 된다. 공감 능력이 어떻게 회사의 경비를 절약해주는지는 의료 업계에서 가장 두드러지게 드러난다. 환자에게 잘 공감해주는 의사는 사고 발생 시 의료 소송으로 큰돈을 날리는 상황을 피할 수 있다. 한 연구에 따르면, 의사가 환자들과 소통할 때 공감을 많이 표현할수록 의료 소송에 휘말릴 확률이 낮았고, 환자의 만족도는 높았다. 이렇게 증가한 환자 만족도는 새로운 사업과 수익으로 이어질 수 있다.

지금까지의 이야기는 당신의 사업에 어떤 의미를 지니는가? 사내 조직에 공감 문화 도입을 장려하면 소송을 걸지도 모르는 성난 고객들로부터 회사를 지킬 수 있을 뿐 아니라, 고객이 좋은 후기를 남기고 주변 사람들에게 추천하는 행동을 하게 만들어 기업의 고객생애가치customer lifetime value(고객이 제품이나 서비스를 이용하는 기간 동안 발생할 것으로 예상되는 순이익-옮긴이)를 공고하게 만드는 충성 고객까지 확보할 수 있다.

입소문 효과의 힘을 자세히 들여다보자. 소비자와 재구매 고객이 열성 팬으로 바뀌는 모습을 보고 싶은가? 그렇다면 조직 전체와 더불어 고객 서비스 직원부터 회계 담당자까지 모든 직원의 마음속에 공감의 가치가 생생히 살아 있도록 해야 한다. 공감 능력이 입소문 마케팅에서 얼마나 중요한 역할을 하는지는 이후 '공감형 브랜드의 강점'에서 자세히 다룰 것이다.

공감 능력이 정말 중요한 업계 중 하나가 바로 경쟁이 극심한 항공 업계다. 기존 업체들보다 더 만족스럽고 편안한 비행 서비스를 제공하는 항공사라면 번번이 실망을 느껴온 승객들에게 후한 점수를 받을 수 있다. 앞서 언급한 유나이티드 항공의 계속된 실수는 기업 차원의 공감 능력이 부족하다는 것을 보여준다. 한편, 뛰어난 공감 능력으로 성공을 거둔 아일랜드의 저비용 항공사 라이언에어Ryanair의 일화는 이와 대조적이다. 불투명한 수수료 책정 정책, 좌석 지정 불가 원칙, 기내수화물 반입 금지 방침 등 많은 고객이 불만을 제기한 요소들을 제거한 '고객에게 항상 더 나은 서비스를Always Getting Better' 캠페인을 시행한 이후 라이언에어의 순이익은 8억 6700만 유로에서 12억 4000만 유로로 증가했다. CEO 마이클 오리어리Michael O'Leary는 다음과 같은 명언을 남겼다. "고객들을 친절하게 대하는 것만으로도 이렇게 돈을 많이 벌 수 있네요. 이 사실을 알았더라면 진작 그렇게 했을 것입니다."

이렇듯 친절한 태도가 엄청난 수익으로 이어진다는 사실을 기억하자.

더 나은 고객 서비스의 제공

우수한 고객 서비스는 노력하는 만큼 나오는 결과다. 이 결과에 해당하는 부분(고객 서비스 담당 직원들이 공감 능력을 살려 고객을 대하는 방법)은 브랜드 전략을 다루는 Part 4에서 이야기할 것이다. 여기서는 노력에 해당하는 부분을 살펴보자. 바로 공감에 기반한 사내 문화 형성으로 고객 서비스 질을 향상시키는 방법이다.

고객 서비스 업무는 대개 고된 일에 속한다. 해당 부서 직원들은 매일 위기 상황에 대처하고 급한 불을 끄면서 민감한 사안들을 처리한다. 수화기를 집어들 때마다 성난 고객의 화풀이를 듣고, 수화기를 내려놓을 때마다 눈치 없는 관리자의 잔소리를 듣게 된다면, 직원들은 부정적 에너지에 갇힐 수밖에 없다. 그리고 스스로를 존중할 수 없기 때문에 고객들을 존중해야 할 이유도 찾지 못하게 된다.

반면, 지원을 아끼지 않고 문제 해결에 초점을 두는 기업 문화는 자신이 맡은 고객에게 공감할 수 있도록 고객 서비스 담당 직원들을 격려해준다. 동료들과 회사가 내 이야기를 경청하고 나를 소중히 대하며 내게 용기를 준다고 느낄 때 직원들은 앞으로 나아갈 힘을 얻게 된다.

앞서 '공감의 의미'에서 우리는 크리스티나 하브리지가 수금 대행 회사에 공감 문화를 정착시켰을 때 고객 경험customer experience이 어떻게 바뀌었는지를 살펴봤다. 매일 해야 하는 감정 노동의 고단함을 이해받고 존중받는다고 느꼈을 때 직원들은 오히려 고객들에게 더 나은 서비스를 제공했다. 그리고 미수금 회수율도 덩달아 뛰어올랐다.

고객 서비스 담당 직원들의 마음에 공감하라. 그러면 그들은 회사를 위해 더 열정적이고 성실하게 일할 것이다.

조직에 공감하는 마음과 온정을 베푸는 행동을 주입하면 눈부신 성과를 거둘 수 있다. 이제 기업 문화를 공감 문화로 만들기 위해 실행할 수 있는 전략으로 넘어가도록 하자.

체크포인트

◆ **기업 가치를 전달하는 것은 조직 구성원이다:** 직원들은 기업이 가진 최고의 브랜드 자산이다. 직원 간 그리고 고객과의 소통에서 기업이 매일 강조하는 가치를 사내 문화 때문에 직원들이 실천하지 못한다면 브랜드 이미지는 순식간에 무너지고 말 것이다. 사내 문화는 기업이 시장에 전하고자 하는 외부 브랜드의 가치와 일치해야 한다. 공감 문화의 장점은 다음과 같다.

◆ **근속연수가 높아지고 이직률이 낮아진다:** 최근 노동 시장에서는 최고의 인재를 영입하기 위한 경쟁이 치열한 동시에 경직성이 심화되고 있다. 이런 때에 진정으로 공감하는 모습을 보이지 않거나 온정을 베푸는 정책을 도입하지 않는 기업은 높은 이직률을 견뎌야 하며, 뛰어난 인재를 유치하는 데도 어려움을 겪을 것이다. 공감 문화는 뛰어난 인재들이 회사에 머물며 열심히 일하게 만든다. 공감 능력에 문제가 있는 기업은 직원들의 사기 저하와 높은 이직률에 이어 잠재적인 경제적 손실까지 맞닥뜨리게 될 것이다.

◆ **생산성과 이윤이 증대한다:** 몇몇 연구에 따르면, CEO들은 재무 성과를 공감 문화와 연결 지어 생각한다. 공감 문화를 받아들인 리더들은 직원들의 업무 성과와 전반적인 재무 상태가 개선되었다고 말했다. 한 연구에서는 공감 능력이 뛰어나고 업무 몰입도가 높은 직원일수록 결근율과 이직률이 낮고 생산성은 높은 것으로 밝혀졌다. 모든 사내 조직에 공감 문화

도입을 장려하면 고객들이 소송을 걸 확률을 낮출 수 있을 뿐 아니라, 재구매율을 높여 기업의 고객생애가치를 공고하게 만드는 충성 고객까지 확보할 수 있다.

◆ **더 나은 고객 서비스를 제공할 수 있다:** 직원이 행복해야 고객도 행복하다. 지원을 아끼지 않고 문제 해결에 초점을 두는 기업 문화는 자신이 맡은 고객에게 공감할 수 있도록 고객 서비스 담당 직원들을 격려해준다. 동료들과 회사가 내 이야기를 경청하고 나를 소중히 대하며 내게 용기를 준다고 느낄 때, 직원들은 부정적인 감정들을 흘려보낼 힘을 얻고 더 나은 서비스를 제공할 수 있다.

공감 문화를 만드는
습관과 특징

직원들이 발전할 수 있는 공감 문화를 만드는 6가지 전략

리더가 구성원들의 능력을 마음껏 발휘할 수 있도록 이끌어주고
조직이 바라는 것을 구현해내는 구성원들을 영웅처럼 대할 때, 비로소 직원들은 의욕을 갖게 된다.
_ 아니타 로딕Anita Roddick, 더바디샵THE BODY SHOP 창립자

공감 문화는 조직 구성원의 잠재력을 끌어낸다

크리스터스 헬스의 인재 경영 부문 부사장 리사 레이놀즈의 이야기
를 다시 해보자. 공감은 오랫동안 이 회사의 핵심 가치였다. 레이놀즈
는 채용팀과 함께 공감, 사랑, 배려의 정신으로 일할 수 있는 사람들
을 고용하고 교육하는 업무를 맡고 있다. "공감, 사랑, 배려는 그들이
어떤 사람인지 알 수 있는 지표예요. 우리는 그런 마음을 가진 사람
들을 찾아 그들의 성품이 성공에 기여할 수 있는 업무 환경에서 일하
도록 할 뿐입니다. 직원들이 공감 문화를 만들어가는 것이지, 그 반대

가 아닙니다. 그리고 우리 회사는 항상 환자를 우선시할 수 있는 사람들을 고용하길 원합니다."

레이놀즈는 자사의 신생아 전문 간호사 멜러니의 감동적인 이야기를 들려주었다. 멜러니는 공감의 안테나가 상시 작동하는 타고난 공감 능력의 소유자로, 회사의 이상적인 직원이었다. "멜러니는 어머니가 위독하시다는 전화를 받고 고국인 필리핀으로 돌아갔어요. 필리핀에서 어머니 곁을 지켰지만, 결국 그녀의 어머니는 돌아가시고 말았죠. 그녀는 어머니의 장례식 날 예배당에 들어가려고 길을 건너다가 소란스러운 소리를 듣게 됐어요. 그것이 자전거 택시 안에서 출산이 임박한 산모가 고통스럽게 내지르는 비명이라는 걸 바로 알 수 있었죠."

멜러니는 어머니의 장례식장으로 향하는 대신 곧장 자전거 택시로 달려가 바로 그 자리에서 산모의 출산을 도왔다. 숙련된 전문 간호사인 그녀는 산모의 과다 출혈과 파랗게 질린 아기의 얼굴을 보고 둘 다 상태가 좋지 않다는 것을 알았고, 자전거 택시 기사에게 산모와 아기를 산부인과(필리핀에서는 내과에 더 가깝다)에 데려가 달라고 요청했다. "산모의 남편과 멜러니는 산모와 신생아를 산부인과에 데려갔고, 의료진 덕분에 산모는 안정을 취할 수 있었어요. 그리고 멜러니는 얼른 아기가 인큐베이터에서 치료받을 수 있도록 조치했죠. 무엇을 해야 하는지 잘 알고 있었으니까요. 인큐베이터 안에서 아기는 마침내 숨을 쉬기 시작했고, 멜러니는 산모와 아기의 상태를 확인한 후에야 어머니의 장례식장으로 돌아갔습니다. 물론 장례식은 이미 진행 중이었죠."

벌써 눈가에 눈물이 맺혔는가? 멜러니의 깜짝 놀랄 만한 행동이 아직 끝나지 않았으니 눈물은 잠시 참도록 하자. 레이놀즈는 이야기를 이어갔다. "장례식이 끝난 후에도 멜러니는 그 가족에 대한 생각을 떨칠 수 없었어요. 그런 일을 겪으면 아무래도 그 사람들이 걱정될 수밖에 없죠. 그녀는 부부가 여덟 번째 아이를 출산했으며, 사정이 매우 어렵다는 사실을 알게 되었어요. 그래서 옷가지와 물건들을 산 다음 산부인과로 돌아가 부부에게 건넸죠. 부부는 감사를 표하며 아이를 멜러니의 품에 안겨주고는, 그녀의 어머니 이름을 따서 이름을 지었다고 말해주었어요."

멜러니는 크리스터스 헬스와 계약하기 전부터 내면에 공감의 씨앗을 갖고 있었다. 다른 사람들의 입장을 헤아리고 그들이 무엇을 필요로 하는지 알아차리는 능력을 지닌 그녀는 크리스터스 헬스의 기업 문화와 딱 들어맞았다. 그리고 공감을 핵심 가치로 삼은 기업에 고용되어 교육받은 덕분에, 그녀는 개인적인 비극을 맞은 상황에서도 타인의 생명을 구하는 데 자신의 기술을 사용할 수 있었다. 크리스터스 헬스는 그녀의 잠재력을 꿰뚫어 보았다. 그녀라면 서로 배려하고 보살펴주는 문화에 잘 적응할 수 있겠다고 생각해서 그녀를 고용하여 능력을 키워준 것이다. 이것이야말로 아름다운 공생관계가 아니겠는가.

이처럼 공감 문화는 규율과 행동이 다가 아니다. 적절한 인재를 데려오고, 그들이 발전하는 데 필요한 것을 제공할 수 있어야 한다. 이 사실을 기억하고 기업 문화에 공감의 씨앗을 뿌리내리게 하는 여섯 가지 전략에 대해 살펴보자.

1. 시작은 작은 일부터

수백만 달러의 비용이 드는 교육 계획을 세울 필요도, 사내 규정을 다시 만드는 일에 몇 년의 세월을 낭비할 필요도 없다. 사실 사내 문화에 공감이라는 불꽃을 터트리려면, 그 전에 먼저 작은 실천이 천천히 계속 쌓여야 하기 때문이다. 벨린다 파마는 이를 '공감 넛지empathy nudge'라 부른다. "많은 고객사가 대대적으로 변화를 불러오기 위해 프로그램을 도입하지만, 그중 70퍼센트가 실패합니다. 시간이 너무 오래 걸리는 데다 비용도 만만찮기 때문이죠. 고객사가 넛지nudge(옆구리를 쿡 찌른다는 뜻으로 행동경제학에서 인간의 행동에 큰 변화를 끼치는 작은 변화를 일컫는다-옮긴이)를 좋아하는 이유는 공감을 아주 작은 조각으로 쪼개 천천히 쌓을 수 있기 때문입니다."

파마의 회사에서 실천하고 있는 공감 넛지 중 하나는 언어다. 일례로, 그녀는 고객과 직접 대면하는 직원들을 묘사할 때 '최전방'이라는 단어를 쓰는 기업의 컨설팅을 맡은 적이 있다. 최전방은 군대에서 쓰는 말로, 첫 번째 방어선이라는 뜻이다. 적군의 맹공격을 그대로 받아 내야 하는 병사들에 직원들을 비유한 것이다. 파마는 그 기업에 최전방 대신 '안내 담당'이라는 단어를 쓸 것을 권했고, 이러한 변화는 매일 고객을 상대하는 직원들에 대한 처우를 개선하는 데 도움이 되었다.

파마는 한 은행과 컨설팅을 진행하면서, 많은 직원이 '본부'라는 용어를 들을 때 발끈한다는 사실을 깨달았다. 본부의 '본本'이 우월함을 나타내는 단어이기 때문이다. 파마는 이름을 '지원 허브support hub'로 바꿀 것을 제안했다. 이러한 용어는, 윗사람들이 실제 그 자리에 있는 이유는 직원들을 도와주기 위해서라는 인식을 강화해준다.

공감 넛지에 해당하는 이 일화들은 단순히 용어를 교체하는 것만으로도 상당히 유의미한 결과를 가져올 수 있음을 보여준다. 직장에서 쓰이는 용어들은 권력과 가치, 위계질서, 존중 등을 인식하는 데 영향을 끼친다. 우리가 사용하는 언어에 주의를 기울인다면 배려와 공감이 넘치는 직장 문화를 만들 수 있다.

부서명이나 팀명을 직원들의 투표로 정하는 것도 고려해보자. 내부 투표로 이름을 정한다고 하면 직원들은 이를 반길 것이다. 코미디언 존 멀레이니John Mulaney는 이름 짓기의 중요성을 잘 보여주는 어린 시절의 경험담을 들려준다. 그의 학급은 수학 수업 시간에 두 그룹으로 나뉘었다. 수학을 좋아하는 학생들은 '블루 엔젤스Blue Angels'로 불렸지만, 그를 포함한 나머지 학생들은 '2조'라 불렸다. 들었을 때부터 별로 좋지 않은 느낌을 주지 않는가? 이렇게 불리는 학생들의 사기는 분명 저하되었을 것이다.

위계질서를 나타내는 이름이 문제가 되지 않는다면, 회사 전체에서 쓰이는 일상 용어들을 점검해보라. 스포츠를 별로 좋아하지 않더라도 '장외 홈런을 치다' 또는 '전면적인 압박 공세를 준비하다'라는 말은 많이 들어보았을 것이다. 이런 표현은 그만큼 직장 내에서 일상적으로 쓰인다. 이에 대해서는 별다른 불만이 없을 수 있다. 하지만 별생각 없이 직원들을 부르는 호칭은 어떤가? 직원들은 "이봐", "어이", "자기"라는 말로 불리는 걸 원치 않을지도 모른다. 관심을 갖고 불만 요소를 찾아, 전사 차원에서 어떤 변화를 끌어낼 수 있는지 생각해보자.

여기에 기업 문화가 공감을 표현할 수 있게 도와줄 간단하고 실질적인 방법을 소개한다.

- 맞벌이 부부나 부양자가 있는 직원들의 입장을 고려해 유연 근무제를 도입하자.
- 누구에게도 도움 안 되는 한없이 지루한 '현황 보고'를 지양하자. 긴급 사안에만 집중해 모두의 귀한 시간을 더 효율적으로 사용할 수 있도록 스탠드업 미팅stand-up meeting을 진행해보자.
- 회사 사무실이 사방이 탁 트인 공간이라면 과도한 외부 자극으로 스트레스에 시달리는 내향적인 성격의 직원(혹은 신경계 질환을 앓는 직원)들을 위해 휴식 공간이나 혼자 쉴 수 있는 공간을 별도로 지정하자. 요즘에는 많은 기업이 다양한 욕구를 가진 직원들의 업무 효율을 높이려는 목적으로 이 같은 형태의 아늑한 공간을 제공하고 있다.
- 워킹맘들을 위해 수유실을 따로 만들자(비좁은 여자 화장실 칸은 좋은 선택이 아니다). 필요한 직원이 있다면 법적으로 수유실을 설치해줘야 할 때도 있지만, 그 전에 수유실을 만들어놓자. 리더들은 수유실이 비어 있을 때 명상실로 사용해 '공감형 리더의 습관과 특징'에서 소개한 습관을 기르도록 하자.

- 가장 단순하고도 간단한 방법은 전 직원이 (허용할 수 있는 범위 내에서) 편한 복장으로 출근하는 것이다. 가능하면 까다롭고 갑갑한 복장 규정은 없애도록 하자.

2. 신뢰할 수 있는 환경의 조성

인간은 안전하다고 느끼지 못하면 심리적·물리적 장벽을 세워 자기 자신의 생존을 보장하려 한다. 나 자신을 지키는 데 정신을 팔고 있을 때는, 타인의 말을 경청하거나 그들의 입장을 헤아리지 못한다. 직원들이 어깨너머로 서로를 감시하는 행동이나 영역 다툼을 그만둘 만큼 안정감을 느껴야 공감 문화가 발전할 수 있다.

이에 대해 브라이튼 존스의 코리 커스터는 이렇게 말했다. "기업은 신뢰라는 기반이 있어야 훨씬 더 잘 굴러갑니다." 커스터는 발달심리학자이자 『에브리원 컬처: 성장 중심 기업으로 거듭나기An Everyone Culture: Becoming a Deliberately Developmental Organization』의 저자인 로버트 케건Robert Kegan 교수의 주장을 들어 설명했다. "케건 교수는 모든 사람이 동시에 두 가지 일을 한다고 이야기합니다. 하나는 그들이 맡은 진짜 업무고, 나머지 하나는 약자가 아닌 좋은 사람으로 보이기 위해 자기자신을 보호하고 마음의 장벽을 유지하는 일입니다. 케건 교수는 신뢰의 문화가 자리 잡으면 이 모든 귀찮은 일에서 해방될 수 있다고 말하죠. 우리 회사에서는, 사장님이 제게 피드백을 주면 저도 똑같이 사장님에게 의견을 제시합니다. 사장님이 제 월급을 주는 건 맞지만,

의견이야 서로 자유롭게 주고받을 수 있는 거죠. 같이 위험을 무릅쓰고 서로를 도우니 모든 장애물이 사라지기 시작하더군요. 직원들이 뭔가를 시도할 때 실패를 두려워하지 않는 모습을 보면, 위험을 감수하려는 노력의 정도와 혁신에서 비롯된 협력과 창의력의 수준이 어느 정도인지 알 수 있습니다."

직원들에게 공감 능력을 강조하기 전에 리더들이 먼저 공감 능력을 키워야 하듯이, 기업들도 공감의 가치가 뻗어나가기에 적합한 사내 문화를 조성해야 한다. 직원들의 협조를 바라기 전에 자기부터 잘해야 하는 것이다. 시작은 기업 문화다. 당신의 기업 문화는 어떤가? 치열하고 경쟁적인 분위기인가? 정보가 은폐되거나 조작되거나 영향력을 행사하기 위한 도구로 사용되는가? 아니면, 다양한 아이디어와 의견을 자유롭게 주고받는가? 더 열심히 노력하는 직원이 칭찬과 성과금 혹은 실제 그들이 중요하다고 생각하는 보상을 받는 대신 더 많은 업무를 떠맡고 있진 않은가? 앞서 '공감의 의미'에서 논의한 백금율을 다시 한번 들여다보자.

안정적인 업무 환경을 만드는 근본적인 요소로는 뛰어난 리더십, 지원을 아끼지 않는 사내 정책, 공정한 시스템, 멘토링 제도, 교육 프로그램, 열린 소통 등이 있다.

'공감 능력이 비즈니스에 미치는 영향'에서 살펴봤듯이 회사 전체에 온정의 가치를 심으려면 강력한 공감 리더십이 꼭 필요하다. 리더가 먼저 모범을 보여야 사람들은 직장에서 마음을 열고 동정심을 보여도 괜찮다고 생각한다. 리더가 직원들의 말을 경청하고 그들에게 질문하고 호기심을 보이며 그들과 공감대를 찾으려 노력한다면, 직원들은 이러한 태도가 받아들여질 뿐 아니라 가치 있게 여겨진다는 사실을 알게 된다.

다음으로는 지원을 아끼지 않는 정책과 공정한 시스템을 만들어야 한다. 그래야 사람들이 직장에서 진짜 '나'다울 수 있으며, 내 일이 내 이익과 연결된다고 확신할 수 있다. 실패를 두려워하지 않고 위험을 감수하면서 효율적으로 협력하고 새로운 아이디어를 제시한 직원들에게 제대로 된 보상을 해주고 있는가? 기업 문화가 보복 없는 솔직하고 열린 대화를 지향하는가? 아니면, 사람들에게 튀거나 괜한 분란을 일으키지 말라는 암묵적인 지시를 내리는가?

열린 소통을 시작할 수 있는 좋은 방법은 모든 회의에서 '어떤 아이디어든 환영하고, 발언을 두려워하지 않고 판단하지 않는다'라는 기본 규칙을 정하는 것이다. 리더는 결과적으로 채택되거나 성과를 내지는 못했어도 의미 있는 의견을 제시해준 직원들을 칭찬함으로써 개방성과 창의성을 강화할 수 있다. 직원들에게 '실패'는 상대적이며, 위험을 감수해도 괜찮다는 메시지를 보내는 것이다.

사실, 회의 운영 방식은 신뢰감 형성에 매우 큰 영향을 준다. 어찌 되었든 많은 사람이 새로 회의가 잡히면 매우 괴로워한다. 사람들이 참석하고 싶어 하는 회의를 만들려면 어떻게 해야 할까? '공감형 리더의 습관과 특징'에서 언급한 더이노바레그룹의 상임 고문이자 CEO 킴 보어는 유의미한 회의를 진행하고 신뢰감을 강화하고 싶다면 다음 3단계를 생각해보라고 제안한다.

- **1단계: 준비**

    보어는 철저한 회의 준비는 회의실 안 개인의 다양한 학습 방식과 소통법에 존중과 공감을 표현하는 일이라고 말한다. 구성원들이 활발히 참여하는 생산적인 회의를 진행하려면, 다음과 같은 방법을 써서 회의 준비 시간을 따로 마련해야 한다.

    − 회의 주제와 관련된 자료 혹은 지금까지 이루어진 조치, 이 주제가 중요한 이유, 이 주제가 부서 혹은 회사의 큰 그림에 어떻게 부합하는지 등을 담고 있는 명확한 안건을 설정하라.

    − 회의를 준비하고 자료를 만드는 데 시간이 필요한 사람들을 위해 24시간 전에 안건을 전달하라.

    − 직원들의 적극적인 참여에 대한 기대와 관심을 안건에 명시하라.

- **2단계: 회의 시작**

    보어는 회의를 시작하는 2단계에서 잠시 시간을 내 안건의 핵심 내용을 짚어주며, 가장 비중 있게 다뤄야 한다고 생각하는 부분에 주의를 집중시키라고 조언한다.

    − 전문적인 견해가 필요하므로, 회의실 안 개개인의 참여가 얼마나 중요한지 다시 한번 강조하자.

    − 시간이 촉박하거나 참석 인원이 너무 많은 경우, 이를테면 한 명당 5분 등으로 발언 시간을 미리 명시해두는 방법도 고려해보자.

    − 회의 목적과 모두가 시간을 내 이 주제를 중요하게 다뤄야 하는 이유를 언급하며 마무리하자.

- **3단계: 회의 진행**

3단계는 공감하고 포용하며 회의를 진행하는 것이다. 보어는 모두의 의견이 존중받는 느낌을 줄 수 있게 아래에 소개된 팁과 문구를 사용하라고 조언한다.

– "지금까지 제가 이야기한 주제에 대한 여러분의 반응이나 생각이 궁금합니다." 이후 한 명씩 돌아가며 의견을 말한다.

– 누군가 당신의 생각과 반대되거나 좀 더 자세한 설명이 필요한 의견을 내는 경우, 호기심을 보이며 이렇게 반응하라. "좀 더 자세히 설명해주세요. 당신의 생각을 더 잘 이해하고 싶어요."

– 자세한 설명을 요청한 후에는 감사 인사를 잊지 말자. 대화를 단절시키는 가장 빠른 방법은 방어적인 태도를 보이거나 상대의 의견을 무시하는 듯한 인상을 주는 것이다.

– 회의에서 언급된 일들을 처리해야 하는 직원들에게는 업무 수행에 필요한 지원을 받을 수 있다는 확신을 심어줘야 한다. "이 일을 처리하는 데 방해가 되는 것들이 있을까요?" 또는 "기한을 맞추기 위해 제거해야 하는 장애물이 있나요?"와 같은 질문을 해주면 좋다.

– 깔끔한 마무리를 위해 후속 조치 현황을 전달하라. 이는 직원들이 무엇을 걱정하는지 알고 있으며, 그들의 의견을 중요하게 생각한다는 것을 보여주는 행동이다. 사람들은 어떤 결정이 내려졌는지, 자신의 의견이 왜 받아들여지거나 받아들여지지 않았는지 궁금해한다.

내실 있는 멘토링 제도와 질 좋은 교육 프로그램도 기업 문화에 신뢰를 심어준다. 기업이 개인의 발전에 관심을 가지며 직원의 성공을 전폭적으로 지지한다는 인상을 주기 때문이다. 사석에서 주고받는 조언으로는 부족하다. 멘토들은 좋은 멘토가 되는 방법에 관한 제대로 된 교육을 받아야 하고, 멘티들은 멘토링 프로그램에서의 자신의 역할과 책임을 이해해야 한다. 체계적인 프로그램이 없다면 신중히 고려하여 협력, 개방성, 포부, 협업을 중시한다는 회사의 메시지가 담긴 프로그램을 만들어보자. 프로그램의 목표가 명확하고, 멘토와 멘티 모두 의견을 낼 수 있으며, 꾸준히 피드백이 오갈 수 있는 시스템을 만들어야 한다. 그렇지 않은 프로그램은 오히려 역효과를 초래할 수 있다.

리더십 강사이자 소통 전문가이며 『아는 사람의 힘』을 쓴 미셸 틸리스 레더먼은 멘토링 제도와 관련해 다음과 같은 팁을 제시한다.

- 사람들을 짝지어주기에 앞서 양쪽 모두에게 성공적인 '멘토–멘티' 관계란 어떤 것인지 명확하게 알려줘야 한다. 그렇게 해야 공통된 목표와 기대에 기반하는 멘토–멘티 관계를 맺을 수 있다.

- 프로그램에 체계성과 유연성을 갖추자. 체계성은 멘토와 멘티 모두가 방향을 잃었을 때 따라가야 하는 길을 제시해준다. 한편, 유연성은 두 사람이 서로에게 가장 적합한 형태의 관계를 맺을 수 있게 해준다. 예를 들어, 정기적으로 모이기로 하되 소통 방식과 모임 장소는 참가자들의 결정에 맡기는 식이다. 이때 직접 만날지 혹은 화상 회의로 만날지 정할 수 있다. 참가자들이 창의력을 발휘해 자신들에게 잘 맞는 모임을 만들어갈 수 있도록

하되, 가능하다면 여러 사람과 교류하는 기회도 프로그램에 포함할 것을 추천한다.

- 멘토링이 성공하려면 멘토와 멘티가 현재 어떤 업무를 하고 있으며 서로 어떤 부분을 도와줄 수 있는지 의견을 나눠야 한다. 상대방이 경험이 더 많아서 자신이 공유해줄 만한 것이 없다고 생각하는 경우에도 종종 큰 도움을 줄 수 있다. 예를 들어, 대학을 갓 졸업한 신입 사원은 SNS 마케팅 전략을 수립하려는 임원에게 도움을 줄 수 있을 것이다. 양방향으로 이뤄지는 멘토링은 공감 능력을 키울 수 있는 최고의 활동이다. 두 사람 모두 상대방의 시각에서 사물을 보는 법을 배우게 되기 때문이다.
- 공식, 비공식, 친목 등 프로그램의 모든 성격을 고려하자. 사람들에게 어떤 방식으로 소통하고 싶은지 물어보는 것이 좋다. 균형 잡힌 소통이 이뤄져야 양쪽 모두가 끈끈하게 이어진 관계를 만들 수 있기 때문이다.

3. 열린 마음으로 대화하기

신뢰할 수 있는 업무 환경 조성은 자유롭고 제약 없는 의사소통에 달려 있다. 벽이나 거짓이 없어야 직원들의 목소리와 감정, 헌신을 소중히 여기는 기업 문화라고 말할 수 있는 것이다.

에릭 도슨Eric Dawson은 전 세계 젊은이들이 성인이 될 때까지 기다리지 않고 사회 정의를 위해 지금 당장 변화를 일으키도록 돕는 플랫폼을 제공하는 비영리 단체 피스퍼스트Peace First의 창립자이자 CEO다. 피스퍼스트는 더 좋은 세상을 만드는 일을 하기 위해 누구도 특정

나이가 될 때까지 기다릴 필요가 없다고 생각한다. 세계적으로 놀라운 성공을 거뒀는데도 피스퍼스트는 여전히 비영리 단체다. 이는 몇 안 되는 직원들이 오랜 기간 부족한 자원에도 매일 피땀 흘려 일한 결과다.

도슨은 공감을 바탕으로 하는 끈끈한 조직 문화를 만들어온 것이 피스퍼스트의 성공 비결이라고 생각한다. "영리 단체든 비영리 단체든 당신이 어떤 형태의 조직을 운영하건 간에 문화가 가장 중요하다고 생각합니다. 특히 공감이 내부적으로 조직이 돌아가는 방식의 뿌리가 될 때 직원들의 만족도와 업무 성과가 높아집니다. 관심받고 존중받는다고 느끼기 때문이죠."

비영리 단체는 그 미션이 고귀하고 이타적인 성향을 보이기 때문에, 큰 어려움 없이 바로 공감 문화를 형성할 수 있을 것이라는 착각에 빠지기 쉽다. 하지만 도슨은 항상 그렇지만은 않다고 말한다. "훌륭한 미션을 가지고 훌륭한 일을 해내는 조직이라도 내부 운영 방식 때문에 환경이 일하기에 그다지 좋지 않은 경우가 많습니다. 저는 이런 '독선적인 자선가형' 조직이 직원들에게 크나큰 상처를 준다고 생각합니다. 회사를 위해 일하는 사람들에게 적절한 수준의 공감과 동정, 관심을 표현하지 않기 때문이죠."

도슨은 서로 공감하고 신뢰할 수 있는 환경을 만들려면 열린 대화를 장려하고 실천하는 것이 가장 중요하다고 생각한다. 피스퍼스트의 고위 임원들은 매주 월요일 아침에 모여 회의를 진행한다. 곧장 업무 이야기로 넘어가는 대신, 삼삼오오 모여 잠깐씩 각자의 삶에 대해 먼저 이야기한다. 이 시간에 관해 도슨은 다음과 같이 설명한다. "우리는 문제를 해결하지도 관리하지도 않고, 그에 반응하지도 않습니다. '프로젝트 상황은 이러이러하고 어머니는 많이 편찮으시고 전 불면증에 시달리고 있어요' 혹은 '아이들에게 화장실 훈련을 시키는 중이라서 말 그대로 똥냄새만 맡고 있네요'라고 말할 기회를 주지요. 그리고 나서 우리는 문제가 잘 해결될 수 있게 다 같이 심호흡을 합니다. 서로에게 가장 자기다운 모습을 보여줄 수 있는 이런 시간이 우리 팀에게 큰 힘이 되는 것 같습니다."

동료들과 사적으로 가까워지면 신뢰가 쌓이고, 그렇게 쌓인 신뢰는 공감을 싹틔운다. 아이가 아플 때는 그날 회의가 언제 시작될지 계속 신경 쓰인다. 하지만 동료들이 당신의 문제를 인지하고 이해하면 편의를 봐주거나 당신의 기분과 마음, 상황에 공감할 수 있다.

원격 근무 환경에서 신뢰를 쌓는 일은 완전히 다른 차원의 문제다. 하지만 조금만 창의력을 발휘하면 온라인이라는 한계와 머나먼 거리를 뛰어넘어, 한 번도 직접 만난 적 없는 사람들에게도 공감할 수 있는 환경을 만들 수 있다.

제이 배어는 유명 기업들이 더 많은 고객을 유치하고 유지할 수 있게 도와주는 디지털 전략 자문 회사이자 원격 근무 기업인 컨빈스 앤컨버트를 운영 중이다. 이 회사의 미디어 사업부는 세계 1위의 마케팅 블로그와 여러 개의 팟캐스트, 사업주와 임원진을 위한 기타 다양한 교육 콘텐츠를 관리한다.

배어는 원격 근무 환경에 대해 이렇게 말한다. "대략 15명에서

20명 남짓의 우리 회사 직원들이 전 세계에 퍼져 있습니다. 완벽한 원격 근무 기업이 되려면 전략적으로 뛰어난 공감 능력을 먼저 갖춰야 합니다. 직원들이 모두 함께 모여 일할 때처럼 상황 혹은 분위기에 따른 신호를 파악할 수 없기 때문이죠. 꼭 누군가의 사무실에 들어가 그 사람이 울고 있는 모습을 봐야 그에게 해결해야 할 문제가 있음을 알 수 있는 건 아닙니다. 요즘은 점점 더 많은 사람이 원격 근무를 하게 되었지요. 이에 따라 관리자들이 기본적인 공감 능력을 갖추는 일뿐 아니라 필요에 따라 그것을 적절히 활용할 수 있는지 여부가 점점 중요해지고 있습니다."

배어는 그렇게 되려면 충분한 시간과 의도적인 전략이 필요하다고 말한다. 원격 근무자들과 신뢰를 쌓고 공감대를 얻을 기회는 어떻게 찾아야 할까? 배어가 실천하는 한 가지 방법은 팀원들에게 어떤 일이 벌어지고 있는지, 그 일이 좋은 일인지 나쁜 일인지 알 수 있게 화상 전화로 정기적인 일대일 면담을 진행하는 것이다. 또 그는 이메일 소통에만 의존하지 않고 시간을 내서 화면 밖 직원들의 삶을 들여다본다. 이메일로는 진짜 공감대를 형성할 수 없기 때문이다.

다음으로 원격 근무자들과 더 끈끈한 관계를 만들고 공감대를 형성하는 몇 가지 방법을 소개한다.

• 소통을 지속할 수 있는 기술을 활용하라

배어는 서로 얼굴을 볼 수 있는 화상 회의 시스템뿐 아니라 직원들이 협업하고 편하게 이야기를 주고받을 수 있는 툴을 사용하라고 제안한다.

이를테면, 슬랙 Slack, 구글 행아웃 Google Hangouts, 페이스북의 워크플레이스 Workplace, 마이크로소프트의 팀즈 Teams, 힙챗 HipChat, 스트라이드 Stride 등 여러 툴 중 적당한 것을 선택하면 된다. 많은 기업이 업무 프로젝트 이외의 용도로 슬랙을 많이 사용하고 있으며, 직원들은 종종 좋아하는 음악이나 올해 휴가 계획을 공유하거나 서로의 성과를 축하해주기 위한 채널들을 개설한다(이는 '좋은' 소문, 유행하는 농담, 사내 특급 뉴스 등을 놓칠 수밖에 없다는 원격 근무의 가장 큰 단점을 보완해준다). 이런 협업 툴은 직원들을 하나로 묶어주고 동지애를 갖게 해준다.

- **직원들끼리 직접 만날 수 있도록 하라**

원격 근무자가 채용되면 가장 먼저 본사로 와서 동료들의 얼굴을 익힐 수 있도록 하자. 가능하다면 정기적으로 여러 근무지를 돌며 직원들이 직접 만날 수 있는 행사를 기획해보자. 나도 원격 근무자가 있는 팀에서 일한 적이 있었는데, 내 상사는 적어도 두 달에 한 번 그를 사무실로 데려와 며칠간 우리와 함께 일하도록 했다. 그와의 소통은 팀 분위기에 큰 영향을 미쳤으며, 그 덕에 우리는 서로 더 잘 알게 되었다. 어느 날은 팀 전체가 원격 근무자가 있는 도시로 가기도 했다. 그의 업무 환경을 보는 것은 무척 도움이 됐고, 우리는 그의 입장을 더 잘 이해할 수 있었다.

- **공평하게 기회를 제공하라**

원격 근무를 하는 팀원이 있다면, 그가 소외감을 느끼지 않게 기술을 활용해 모든 팀원이 똑같은 경험을 할 수 있도록 하자. 여행 애플리케이션 노모

포모 Nomo FOMO는 이러한 생각을 《포브스》 기사를 통해 공유했다. "우리는 원격 근무자들이 소외감을 느끼지 않게, 모든 직원이 한곳에 모여 각자의 컴퓨터 카메라를 켜 회의하는 방식으로 팀워크를 다집니다. 이 방법으로 편하게 의견을 교환하며, 누구도 특혜를 받지 않도록 하지요."

• **회의 시간을 바꿔라**

오후 1시에 부서 회의를 시작하지 않는다면 영국에서 일하는 당신의 동료는 정말 고마워할 것이다. 태평양 표준시로 오후 1시는 영국의 밤 9시기 때문이다. 상대방이 지구 반대편에 있는 경우 시차를 배려해 돌아가며 이른 출근이나 야근을 하는 것보다 공감을 표현하기 좋은 방법은 없다. 샌프란시스코에서 근무할 당시, 나는 프랑스에서 일하는 동료들 또는 아시아 태평양 파트너들을 위해 미국 시각으로 아침 7시 또는 오후 7시에 회의를 진행한 적도 있었다.

• **이달의 원격 근무자를 지정하라**

기분 전환으로 본인이 사는 곳의 이야기를 들려주거나 랜선 동네 투어를 시켜주는 식으로 팀에게 유용한 생활 정보와 즐거움을 제공해줄 원격 근무자를 정해보자. 이는 원격 근무자들이 매일 일하는 곳의 날씨와 교통, 환경에 대해 더 잘 이해하고 공감하는 계기가 될 것이다.

4. 세대 간 이해의 증진

공감은 세대 간 갈등을 해소하고 장벽을 무너뜨리는 데 크게 기여할 수 있다. 요즘은 밀레니얼 세대들이 노동 시장에 쏟아져 나오고 있다. 그래서인지 노련하고 경험 많은 관리자와 건방지고 산만한 밀레니얼 세대 팀원들 사이의 주도권 싸움을 비꼬는 농담이 돌기도 한다. 하지만 이런 농담은 도움은커녕 상처만 준다.

제이 배어는 컨빈스앤컨버트를 운영하며 수백 개 기업을 상대로 고객 서비스와 고객 관계 개선 방안에 대한 컨설팅을 진행한다. "오늘날 기업에서 공감이 수행하는 가장 중요한 역할 중 하나가 바로 세대 간 이해를 도모하는 것입니다. 밀레니얼 세대, 더 나아가 Z세대 직장인들이 어떻게 대우받기를 원하며, 그들의 세계관이 X세대 또는 Y세대와 얼마나 극적으로 차이 나는지 이해하는 것은 정말 중요한 문제입니다. 관리자들은 이들과 소통하는 방식에 변화를 주고, 상황에 따라 젊은 사람들의 세계관과 가치관에 공감을 표할 필요가 있습니다."

함께 머리를 맞대고 앉아 젊은 사원들이 업무에 최선을 다하게끔 만드는 요소가 무엇인지 알아내도록 하라. 이런 노력이 공감 문화 정착에 큰 도움이 될 것이다. 사람들이 직장에서 얻고자 하는 것과 그들의 열정을 끓어오르게 만드는 것은 이미 많이 바뀌었다. 당신의 동기부여 요소가 다른 사람을 움직이지 못할 수도 있는 것이다. 일례로, 밀레니얼 세대의 직업 만족도를 높여주는 요소는 단순한 급여 인상이나 화려한 타이틀이 아니라, 업무 자율성, 충분한 휴가, 인정 등이다. 전반적으로 이에 대한 논의가 충분히 오가고 새로운 성과 제도를 도입할 수 있는 조직 문화가 만들어져야 한다.

공감 문화가 잘 자리 잡을수록 세대 간 갈등과 오해를 더 효율적으로 해소할 수 있다. 열린 대화를 장려하고 선후배 간 멘토-멘티 관계를 활용해보라. 더 직접적으로 매달 팀 내 다양한 세대를 대표하는 사람들이 모여 서로 농담도 주고받고, 다른 세대가 품은 고정관념과 편견에 대해 자유롭게 논의할 수 있는 화합의 장을 마련할 수도 있다. 단, 이때에는 모임이 변질되어 직장 내 괴롭힘으로 이어지지 않도록 대화를 유도할 수 있고, 감정을 솔직하게 표현하는 데 능숙한 사람이 진행을 맡는 것이 좋다.

5. 보상 제도의 활용

입으로만 공감을 외치는 문화를 만들지 않으려면 행동에 변화를 줘야 한다. 행동을 바꾸는 데는 보상 제도만큼 효과적인 것도 없다.

수단과 방법을 가리지 않고 이기겠다는 치열한 경쟁의 결과가 보상을 받는 조직이라면 직원들은 그러한 조직의 방식을 따를 것이다. 반면, 위험을 감수하는 혁신적인 태도를 보여야 다음 회의에서 새로운 알짜 프로젝트를 맡거나 승진 또는 칭찬의 대상이 될 수 있다면, 직원들은 여유를 갖고 창의적인 해결 방안을 생각해내는 데 시간을 투자할 것이다.

다시 말해, 기업의 보상 방법대로 문화가 형성된다.

공감과 온정을 강조하는 기업이 최선을 다해도 목표를 이루지 못한 대가로 직원들에게 불이익을 준다면, 이는 잘못된 메시지를 전달하는 꼴이다. 장기적으로 직원들에게 공감하는 행동을 장려하고 싶다면, 그 과정에서 일어나는 몇 가지 실수는 받아들일 수 있어야 한다. 어려움에 처한 고객이나 동료를 돕는 일에 많은 시간을 쓰는 바람에 분기별 목표를 달성하지 못한 사람보다 무슨 수를 써서라도 목표를 초과 달성하는 사람만 승진을 시킨다면? 당신이 무슨 말을 하든 직원들은 행동으로 드러난 모순을 눈치챌 것이고, 그에 맞춰 행동할 것이다. 말보다 행동이 중요한 법이다.

기업에 인적자원 관리 툴뿐만 아니라 복리후생 플랫폼을 제공하는 IT 회사 넥스트점프Next Jump는 고객사를 도와 발전을 추구하고 적응력이 뛰어난 문화를 만드는 일을 한다. 넥스트점프는『에브리원 컬쳐』에서 언급된 회사로, 하버드 교수팀에 의해 미래 사업을 대표하는 성장 중심 기업Deliverately Developmental Organization 세 곳 중 하나로 소개되기도 했다.

넥스트점프는 모두에게 이익이 되는 문화를 조성하는 법에 대해 확실히 알고 있다. 이 회사가 하는 모든 행동은 그들의 핵심 가치에 바탕을 두고 있는데, 그중 하나가 겸손이다. 그들은 매년 어벤져스 어워드Avengers Award를 개최해 주변에 가장 많이 도움을 준 사람을 동료들이 직접 뽑고 있다. 그 기준을 어떻게 정할 것인가에 대해 관계자는 다음과 같이 말했다. "어벤져스 어워드는 '타인을 위한 봉사'라는 특성에 초점이 맞춰져 있습니다. 그래서 스튜어드 리더십steward leader-

_{ship}(서번트 리더십과 같이 타인과 공동체에 초점을 맞추는 리더십 유형-옮긴이)의 모범이 된 사원을 표창하지요. 이상적인 후보는 주변 사람들을 돌보고 배려하여 타인의 성공을 도와주는 환경을 만드는 데 일조하는 사람, 늘 사람들에게 도움의 손길을 내밀며 자기 자신보다 조직을 먼저 생각하는 사람입니다. 어벤져스 어워드는 매년 넥스트점프 동료들이 주는 상이라고 보면 됩니다."

후보자들은 1년 내내 지명되기 때문에 그들의 선행을 칭찬하는 분위기가 자연스럽게 만들어지며, 여기서 매달 상위 10명이 선정된다. 그 후 이들은 후보자 선발 위원회의 심사를 거치게 된다. 그렇다면 어벤져스 어워드 수상자는 매년 무엇을 받을까? 온 가족이 함께 세계 어디든 원하는 곳에 갈 수 있는 유급 휴가다. 2018년, 넥스트점프는 한발 더 나아가 수상자의 파트너, 즉 수상자의 성공을 도와준 조력자에게도 상을 수여했다.

그렇게 넥스트점프는 기업과 직원들의 가치를 높였다. 이는 헌신과 겸손이 중요하다는 말이 허망한 구호가 아니라는 것을 보여준다. 이런 식으로 직원들에게 활력을 불어넣어 특정 태도를 몸에 익히도록 만들 수 있다.

시장을 선도하는 인적자본_{human capital} 관리공급 업체 크로노스_{Kronos Incorporated}도 회사가 중요시하는 가치를 실천한 직원들에게 제대로 보상할 줄 아는 기업이다. 『워크인스파이어드: 모두가 일하고 싶어 하는 기업을 만드는 방법 _{WorkInspired: How to Build an Organization Where Everyone Loves to Work}』의 저자이기도 한 CEO 아론 에인_{Aron Ain}은 직원들에게 일이 삶에서 가장 중요하다고 생각한다면 삶의 우선순위를 다시 정하라고 자주 말한다.

에인의 말은 모든 직원에게는 각자의 삶이 있다는 사실을 잊지 말라는 메시지를 담고 있다. 이 회사는 또 하나의 가족으로서 서로의 곁에 있어주는 태도, 이를테면 아픈 아이를 돌봐야 하거나 집에 급한 일이 생긴 동료의 입장을 이해해주는 등의 태도를 중요하게 생각한다. 이런 행동들은 인사고과 평가에도 반영되며, 직원들은 필요할 때 서로 옆에 있어주고 지지해주는 것으로 보상을 받는다. 2019년, 크로노스는《포천》과 글로벌 리서치 컨설팅 기업 그레이트 플레이스 투 워크Great Place to Work가 선정한 '일하기 좋은 100대 기업'에 이름을 올렸다.

공감을 실천하는 모범을 보인 직원들을 인정하고 그들에게 적절한 보상을 해주면 다른 직원들 역시 공감의 중요성을 알아차리게 될 것이다. 시간을 내 전 직원이 모인 회의나 부서 회의에서 뛰어난 공감 능력을 보여준 직원들을 공개적으로 칭찬하고, 인사고과 평가 기준에 공감 능력을 추가해 승진자들이나 성공한 사람들의 공감하는 행동을 강조해보라. 이런 문화가 "우리는 공감 능력이 뛰어납니다"라고 외치는 회사 포스터보다 훨씬 더 강력한 메시지를 전달할 것이다.

신규 인력 평가부터 경력 직원 승진까지 제대로 된 책임 제도와 보상 프로그램을 운영한다면 야심, 혁신, 건강한 경쟁과 공감 사이의 균형을 맞출 수 있을 것이다.

다음 질문들을 통해 지금 우리 조직에 어떤 조치가 필요한지 살펴보자.

- 직원을 채용할 때 어떤 질문이나 기준을 활용하는가?
- 어떤 행동을 모범 행위로 지정해 보상하고 기념하는가?
- 어떤 직원들이 승진하는가?
- 직원들의 성과는 어떻게 평가하는가?
- 직원들은 동료나 상사에게 어떤 방식으로 인정받는가?

공감이 중요하다고 생각한다면, 공감을 실천하는 행동이 조직 내에서 직원들이 이룰 수 있는 성공과 성과에 큰 영향을 미친다는 것을 그들에게 알려주도록 하자.

6. 기업 문화에 알맞은 인재 채용

앞서 Part 2에서 살펴봤듯이 공감 문화는 개인의 실천에서 시작된다. 적합한 인재를 채용해야 공감의 가치를 수용하고 실천할 수 있는 사람들로 조직을 채울 수 있다. 당신은 공감형 인재를 제대로 선별할 수 있는가? 사람들의 어떤 면을 살펴봐야 할까? 성공뿐 아니라 성장이 가능한 사람들을 어떻게 알아볼 수 있을까?

공감형 인재를 끌어들이고 선발할 수 있는 채용 프로세스가 갖춰지지 않는다면, 공감 문화를 뒷받침할 적절한 인재를 유인할 수 없다.

물론 업무 역량과 요구 조건을 갖춘 사람을 채용해야 하지만, 사내 문화에 잘 어울리는 사람인지도 반드시 살펴봐야 한다. 마음이 맞는 지원자들을 모집할 수 있게 회사가 중요시하는 가치와 문화를 채용 공고에 명시하라. 회사가 지향하는 태도로 매일 일할 수 있는 사람을 신중하게 선택하는 일은 당신에게 달려 있다.

브라이튼 존스의 코리 커스터는 단도직입적으로 이야기한다. "우리는 지원자들에게 대놓고 '더 나은 사람이 되기 위한 노력에 관심이 없다면 우리 회사에 오지 않아도 됩니다'라고 말합니다. 채용 담당자들은 이 문구를 면접실 앞쪽 중앙에 붙여 놓습니다." 이 같은 조치는 조직이 추구하는 문화 및 가치에 잘 어울리는 사람을 가장 우선순위에 두겠다는 선언이다.

브라이튼 존스는 감정 및 사회 지능뿐 아니라 기업 문화에 대한 적응성도 정확히 파악하고자, 모든 신입 직원과 면담을 진행하는 내부 조직을 두고 있다. 다음은 그들이 항상 던지는 질문 중 일부로, 공감 능력을 평가하는 데 도움이 될 것이다.

- 살면서 겪은 가장 큰 실패 또는 좌절은 무엇이며, 어떻게 그것을 극복했나요?
- 더 나은 사람이 되기 위해 어떤 노력을 해왔거나 하고 있나요?
- 지금까지 받아들이기 가장 힘들었던 피드백은 무엇인가요?

커스터는 이렇게 설명한다. "우리는 신입 직원들에게 감정 조절 능력과 공감 능력, 동정심이 있는지 살펴봅니다. 이를 어떻게 파악해야 하는지도 잘 알고 있습니다. 사람들에게 실시간으로 피드백을 주고 그 피드백을 얼마나 잘 받아들이는지 관찰합니다. 직원들이 자신의 고난과 실수 등을 이야기할 때 감정적 동요가 얼마나 심한지 보기도 하고요. 저희에게는 이 모든 반응이 공감지수를 보여주는 지표들이기 때문입니다."

커스터와 팀원들은 면접을 진행하는 그 자리에서 지원자들에게 바로 피드백을 준다. "이를테면, 지원자들에게 말을 너무 많이 한다거나 질문의 요지를 놓쳤다거나 면접을 충분히 준비하지 않은 것 같다는 식으로 이야기합니다. 그 사람들을 골탕 먹이려고 그러는 것이 아닙니다. 진심이 담긴 피드백이 그들에게 도움이 된다고 생각해서 그러는 거죠. 이를 통해 우리는 사람들이 피드백을 어떻게 수용하는지 볼 수 있습니다."

브라이튼 존스와 비슷한 채용 시스템을 도입하려면 어떻게 해야 할까? 기업 브랜드를 구상하는 회의에 인사팀 또는 채용팀을 부르자. 브랜딩은 그들의 업무 범위가 아니고, 외부 마케팅에 관한 논의도 관련 없는 것으로 보일 수 있다. 하지만 채용팀이 외부 브랜딩 전략을 제대로 이해하고 소화해야 브랜드 약속을 일상에서 실천할 인재를 유치할 수 있다.

나는 고객사와 컨설팅을 진행할 때 인사팀 팀장이 브랜드 전략과 브랜드 메시지 수립 프로젝트에 참여해야 한다고 주장한다. 인사팀에서 브랜드 약속을 충실히 이행할 인재를 데려올 것이라는 확신도 없이 함부로 대외적인 약속을 할 수 없기 때문이다. 단순히 "이 사람 괜찮은 것 같은데?" 정도의 판단으로 인재를 뽑는 일을 방지하려면, 지원자의 공감 능력을 꿰뚫어 볼 수 있는 채용 및 면접 프로세스를 확실하게 마련해야 한다.

그뿐만 아니라 지원자의 공감 능력을 파악할 수 있도록 면접 질문을 다시 개발해야 한다. 지원자들에게 상대방의 입장을 이해하려 노력했던 사례를 들어달라고 요청하라. 업무상 적대적 관계였던 동료와 친구가 된 경험이 있는지 물어보라. 평판 조회를 통해 팀원들과의 소통 방법, 경청하는 자세, 의사결정 과정, 동료들에 대한 피드백 요청 여부 등을 면밀하게 살펴라.

조직 안팎에서 솔선수범해 공감의 가치를 실천할 사람을 뽑으려면 이력서에 회사의 가치, 문화와 일치하는 부분이 있는지부터 찾아봐야 한다. 사람들에게 코딩 방법을 가르칠 순 있어도 친절한 마음씨, 협업하는 태도, 경청하는 자세 등을 가르치는 건 쉽지 않다.

많은 기업이 공감 문화의 가치를 저평가하고 있으므로, 신입 직원들은 지지와 소통, 책임과 이해를 강조하는 문화가 낯설게 느껴질지도 모른다.

앞서 언급한 리드테크는 이런 점에서 매우 앞서 있는 편이다. 이 회사의 최고 임원 중 한 명인 데이브 발라이는 이렇게 말한다. "다양한 배경을 가진 사람들이 우리 회사에 입사하기 때문에, 모두가 미소로 '안녕하세요'라고 인사하고 직원들의 다양성을 소중히 여기는 분위기에 약간 문화 충격을 받을 수 있습니다. 우리 회사는 여성 및 소수 민족 출신 인력에 상당히 많은 투자를 하고 있어서, 각양각색의 배경을 가진 직원들이 매우 많지요. 우리는 다른 문화권 출신이거나 남들이 겪어보지 못한 일들을 경험해본 사람들을 이해하는 일에 지원을 아끼지 않습니다. 우리 직원들은 서로에게 굉장히 관대하며 협조적이에요."

단합이 잘되고 시너지 효과를 내며 조화를 이루는 직원을 채용하고, 이런 직원을 양성하는 문화를 만들려면 공감 능력에 집중하면 된다.

지금까지 진정성 있는 기업으로 거듭나기 위한 내부 작업으로 공감형 리더와 공감 문화를 만드는 법에 대해 살펴보았다. 이제부터는 외부 브랜딩의 요소로서 공감이 지닌 가치에 대해 깊이 파고들 것이다. 공감 문화가 공감형 브랜드를 낳는다. 공감형 브랜드는 당신의 기업이 공감을 실천하고 있음을 소비자들에게 알려주고, 너그럽고 유연하며 개방적인 이미지로 각인되게 해줄 것이다.

체크포인트

공감 문화는 규율과 행동이 다가 아니다. 적절한 인재를 확보하고 직원들이 발전할 수 있도록 도울 수 있어야 한다. 다음은 어떤 기업 문화에도 공감의 씨앗을 뿌리내리도록 하는 여섯 가지 전략이다.

1. 시작은 작은 일부터: 대형 프로젝트를 고집할 필요는 없다. 작은 실천이 천천히 계속 쌓여야 사내 문화에 공감이라는 불꽃을 터트릴 수 있다.

2. 신뢰할 수 있는 환경의 조성: 직원들이 어깨너머로 서로를 감시하거나 영역 다툼을 하는 일을 그만둘 정도로 안정감을 느껴야 공감 문화가 발전할 수 있다. 회의에서 모든 직원이 불편함 없이 발언할 수 있도록 하라. 사내에 탄탄한 멘토링 제도와 교육 프로그램을 개설하는 것도 신뢰 형성에 도움이 된다.

3. 열린 마음으로 대화하기: 신뢰할 수 있는 업무 환경을 만드는 일은 자유롭고 제약 없는 의사소통에 달려 있다. 장벽이나 거짓이 없어야 직원들의 목소리와 감정, 헌신을 소중히 여기는 기업 문화라고 할 수 있다. 적절한 전략과 기술을 활용해 원격 근무 환경에서도 신뢰를 쌓을 수 있도록 하자.

4. 세대 간 이해의 증진: 세대별로 사회적 기대나 욕망, 동기부여 요소가 각기 다르다. 각 개인이 업무에 최선을 다하게끔 만드는 요소가 무엇인지 알아내는 것은 공감 문화를 형성하는 데

매우 중요하다. 밀레니얼 세대는 자신들의 헌신과 노력이 귀하게 여겨지길 바라며, 생각의 다양성이 기업에 더 나은 결과를 가져다준다고 믿는다. 이런 점을 이해해야 한다.

5. 보상 제도의 활용: 기업의 보상 방법대로 문화가 형성된다. 신규 인력 평가부터 경력 직원의 승진까지 제대로 된 책임 제도와 보상 프로그램을 운영한다면 야심, 혁신, 건강한 경쟁과 공감 사이의 균형을 맞출 수 있을 것이다.

6. 기업 문화에 알맞은 인재 채용: 공감형 인재를 끌어들이고 선별할 수 있는 채용 프로세스가 갖춰지지 않는다면, 공감 문화를 뒷받침할 적절한 인재를 확보할 수 없다. 감정 지능을 파악할 수 있는 신호를 눈여겨보라. 지원자의 공감 능력을 파악할 수 있도록 면접 질문을 재정비하고 다시 개발하라. 지원자들에게 공감을 위해 노력했던 사례를 들어달라고 요청하고, 업무상 적대적 관계였던 동료와 친구가 된 경험이 있는지 물어보라. 평판 조회를 통해 팀원들과 어떻게 소통하는지 면밀하게 살펴보는 것이 좋다.

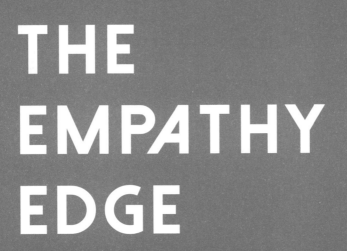

THE
EMPATHY
EDGE

PART 4

공감형 브랜드
형성하기

◆

**THE
EMPATHY
EDGE**

◆

공감형 브랜드의 강점

고객 서비스란 단순히 고객을 지원하는 것 이상이다.
그것은 공감과 연민, 관심과 배려하는 마음으로 고객을 지원하는 일이다.
_ 셉 하이켄 Shep Hyken, 고객 서비스 및 고객 경험 전문가

브랜드는 비즈니스의 정수다. 브랜드는 기업의 심장이자 영혼이며, 기업 미션의 본질이자 기업 경영의 핵심이다. 공감 리더십, 공감 문화, 공감 브랜딩은 서로 영향을 주고받으며 발전해나가는 관계다. 리드테크의 데이브 발라이가 말하듯, "이 세 개는 하나의 패키지처럼 서로 묶여 있다. 셋 중 하나를 관리한다고 해서 공감 능력이 뛰어난 기업이 될 순 없다." 경영진이 기업을 경영하고 직원들을 지원하는 문화를 이끄는 방식에 따라 대중이 느끼는 전반적인 브랜드 인식이 바뀔 수 있다. 높은 시장 점유율을 자랑하는 강력한 브랜드는 내부에

서 만들어져 외부로 나타나는 것이지 그 반대가 아니다.

공감형 브랜드를 만드는 요소는 무엇인가?

브랜드는 사람들이 느끼는 기업의 인상으로 기업의 평판과 대중의 인식을 모두 포함한다. 기업의 인상은 시각적, 언어적, 경험적 요소를 기반으로 형성된다.

브랜드 전략가로서 나는 아주 작은 소기업부터 비영리 단체와 빠르게 성장하는 중견 기업까지 다양한 형태의 조직을 상대로 브랜딩에 관한 교육을 진행한다. 이때는 항상 단순히 멋진 로고 혹은 그럴듯한 웹사이트를 만든다고 해서 간단히 브랜딩이 끝나는 것이 아니라고 강조한다.

기업의 핵심이자 정수인 브랜드는 다음 세 가지 방식으로 전달된다.

- **시각적 요소**

  겉으로 드러나는 모습으로 디자인, 색깔, 로고, 폰트, 레이아웃이 이에 해당한다.

- **언어적 요소**

  소리 내어 읽을 때 드는 느낌으로 엘리베이터 피치, 웹사이트 홍보 문구, 목소리, 억양이 이에 해당한다(elevator pitch, 즉 엘리베이터 피치는 기업이나 그 제품 또는 서비스 등에 관한 요약 설명을 의미한다－옮긴이).

• 경험적 요소

기업의 행동과 거래 방식을 일컫는다. 기업의 일 처리, 직원들의 태도, 품질, 소통 방식 등이 이에 해당하며, 이런 것들은 기업이 고객에게 한 시각적, 언어적 약속에 부합하는지 평가받게 된다.

이런 요소들에는 한 가지 공통점이 있다. 바로 이것들이 직원들의 수없이 다양한 선택과 행동으로 결정된다는 사실이다. 다시 말해, 브랜드를 이끌어갈 공감 능력이 뛰어난 직원들이 없다면 공감형 브랜드를 만들 수 없다.

제이 배어가 이를 잘 설명해준다. "저는 공감형 브랜드라는 건 없다고 생각합니다. 다만 공감 능력이 뛰어난 직원들이 큰 비율을 차지하는 기업에서 만든 브랜드가 있고, 이 브랜드가 공감 능력이 뛰어나다고 느껴질 뿐이지요. 브랜드는 기업 구성원들의 특성을 반영한 것에 지나지 않습니다."

즉, 기업의 가치가 높아도 공감 능력은 떨어질 수 있는 것이다.

그렇다면 여기서 포기해야 할까? 두 손 들고 공감형 브랜드를 만드는 방법 따윈 없다고 말해야 할까? 전혀 그렇지 않다.

효과적인 브랜딩 전략의 비결은 시간을 들여 우리는 어떤 기업인지, 어떤 가치를 제공하는지, 세상에 어떤 모습으로 비치고 싶은지, 또 우리의 고객은 누구인지 구체적으로 정리하는 것이다. 이 모든 결정은 기업의 진짜 강점과 진정한 모습에 따라 달라진다.

나는 고객사의 고위 간부들과 대화를 나눌 때 시장에서 어떻게 인식되고 싶은지, 즉 소비자가 회사를 어떻게 평가하길 바라는지 거듭해서 묻는다. 때때로 그들의 바람은 자존심이나 경쟁사에 대한 질투에 둘러싸여 있다(실제로 "우리는 애플처럼 되고 싶어요. 애플 정도의 고객 충성도와 성공을 원하니까요"라고 말하는 기업도 있다).

닮고 싶은 브랜드를 이야기하는 건 쉬우나 그 브랜드처럼 행동하는 건 어렵다. 당신의 브랜드가 혁신, 안전, 세련, 선도, 고급스러움, 투명, 공감 등을 목표로 하는 것은 별로 중요하지 않다. 아무리 광고를 많이 하고 멋진 디자인을 선보여도, 브랜드가 내건 약속을 충실하게 지키지 않으면 당신이 원하는 수준으로 브랜드 위상을 높일 수 없다. 스스로 증명할 수 있는가? 제대로 된 절차와 제도를 갖추고 적절한 인재를 고용하며, 올바른 곳에 투자하고 직원들의 옳은 행동을 충분히 보상해주고 있다고 자신할 수 있는가? 이런 행동이 선행되어야 브랜드 마케팅을 통해 고객에게 내건 약속을 고객이 경험하게 할 수 있다.

다행히도 기업은 이 모든 과정을 노력으로 통제할 수 있다. 외부에 전하고자 하는 바를 뒷받침해줄 내부 역량을 얼마든지 개발할 수 있기 때문이다.

그렇다면 공감형 브랜드를 만드는 요소는 무엇일까? 참고해야 할 몇 가지 기준이 있다. 앞서 우리는 기업의 공감지수를 측정하고 관리하는 디엠퍼시비즈니스의 벨린다 파마를 만났었다. 그녀의 회사는 매년 세계에서 가장 공감 능력이 뛰어난 기업의 순위를 발표하기 위해 공감지수를 측정하는 기준을 체계적으로 정리해놓았다. "제가 정의하는 공감은 기업이 내부 조직, 고객층, 사회에 속한 사람들에게 미칠 수 있는 감정적 영향력을 말합니다." 파마와 직원들은 고객사와 컨설팅을 진행할 때 분석하기 쉽도록 공감을 일곱 가지 핵심 요소로 분해하는 방법을 쓰는데, 이를 각 요소의 앞글자를 따 EMBRACE라고 한다. 이것은 각각 Empowerment(권한 위임), Meaning and purpose(의미와 목적), Belonging(소속감), Reassurance(확신), Authenticity(진정성), Collaboration(협력), Ethics(윤리)를 의미한다.

파마의 회사는 이 일곱 가지 요소를 개별적으로 측정하기 위해 직접 개발한 독점 평가 툴을 활용한다. 예를 들어, 권한 위임 수준을 측정하려면 리더들에게 다음과 같은 질문을 던진다. "당신의 직원들은 조직 내에서 스스로 변화를 만들어내거나 운명을 통제할 수 있다고 생각할까요?" 진정성에 관해서는 "회사에서의 내 모습과 집에서의 내 모습에 차이가 있나요?" 또는 "나의 가장 멋진 모습을 직장에서 보여줄 수 있나요?"와 같은 질문을 던진다. 응답자들의 답변은 기업의 잠재적 공감 능력에 대한 큰 그림을 그리는 데 도움이 된다.

파마는 소속감이야말로 공감 능력이 탁월한 기업에 없어서는 안될 요소라 생각한다. 직원들이 환영받고 이해받는다고 느끼는지 알아보기 위해 그녀는 다음과 같이 질문한다. "당신은 어딘가에 소속되어 있다고 느끼나요? 당신이 이야기할 때 사람들이 내 말을 경청하고 내 의견을 존중한다는 느낌을 받나요?"

파마가 진정한 공감형 브랜드를 이루는 요소를 파악해 간결하게 설명할 수 있다는 사실은 공감 능력이 '측정될 수 있는' 성질이라는 걸 보여준다. 그녀가 활용하는 EMBRACE 시스템은 기업이 진정성 있는 공감의 태도를 보이는 것인지, 아니면 허풍을 떠는 것일뿐인지 파악할 수 있는 기준을 제공해준다.

당신의 기업이 허풍을 떠는 방향으로 나아가고 있다는 느낌이 든다면, 고객 중심의 제품 디자인으로 전략적 변화를 주는 것을 고려해보라. 실제로 많은 기업이 사용자 중심 디자인user-centered design을 제품 개발 과정에 도입하고, 공감이라는 '숙제'를 성공적으로 해냈다고 자평한다. 정말 그럴까? 어느 정도는 사실이다. 하지만 온전한 공감형 브랜드가 되려면 개발한 제품 이상의 고객 경험을 선사해야 한다.

사용자 중심 디자인은 기술 업계에서 오랫동안 화제가 된 개념이다. 오랜 시간 반복해서 쓰인 이 디자인 접근법은 제품 디자이너가 디자인의 모든 측면에서 사용자의 니즈에 집중하게 한다. 사용자 중심 디자인은 제품 디자인 전체에 사용자의 의견을 반영하고 다양한 연구와 디자인 기법을 활용하는 단계를 여러 번 거치는데, 이 모든 과정은 엔지니어가 사용성과 접근성이 높은 제품을 만들 수 있게 도와준다.

디자이너와 프로그래머는 사용자의 관점, 사용자가 해야 하는 작업, 그 작업을 수행하게 될 환경을 이해해야 한다. 이 디자인 과정은 사용자 경험의 개별적인 요소가 아닌 전체를 파악하고 문제를 해결하는 것을 목표로 한다. 그렇게 함으로써 제품 디자이너는 기술 자체에 매몰되지 않고, 사람들이 그 기술을 어떻게 사용할 것인지 생각할 수 있다. 제품을 사용하고 작동시키는 데 어려움은 없는가? 사용자들이 겪는 문제와 기술 격차 skill gap를 해결하고 그들의 니즈를 충족시키려면 무엇이 필요할까? 바로 이렇게 질문하는 지점에서 사용자 중심 디자인이 사용자 경험 user experience으로 이어진다. 사용자 중심 디자인은 의도적으로 사용자를 모든 개발 과정의 중심에 두는 접근법이다. 사용자 경험은 이러한 의도의 결과인 것이다.

이런 일련의 과정은 공감형 브랜드를 만드는 방법과 비슷하다. 그래서 사용자 경험은 기술이나 제품 디자인 분야를 뛰어넘어 사용자(즉 고객)의 총체적인 경험 holistic experience과 관련된 서비스나 기타 상품까지 그 영역을 확장해왔다. 사용자 경험은 인테리어, 대중교통 디자인, 환대 산업 hospitality industry(서비스 산업 중에서도 숙박, 관광, 식음료, 레스토랑 분야를 일컫는다-옮긴이)에서도 널리 쓰이고 있는 개념이다.

그렇지만 여전히 많은 기업이 자신들의 경쟁력과 기존 제품에만 집중한 나머지 고객들의 니즈와 원츠가 무엇인지 파악하려는 노력을 하지 않는다. 이 기업들은 고객의 요구는 반영하지 않고 내부 의견만으로 제품을 만들고, 막상 제품이 아무런 호응을 얻지 못하면 큰 충격을 받는다.

내 말을 못 믿겠다면 케이블TV 회사나 가장 자주 이용하는 항공사 CEO에게 마지막으로 고객 지원 부서에 익명으로 전화하거나 이코노미 좌석에 앉아본 게 언제인지 물어보라. 실제 고객이 어떤 경험을 하는지 알게 되면 그들은 충격에 휩싸일 것이다.

특히 소매, 의료, 여행, 금융 서비스 업계에 속한 기업이 공감형 브랜드를 만들고 싶다면, 가장 먼저 사용자 중심 디자인이 무엇인지 알아야 한다. 공감과 배려를 표방하는 브랜드 메시지를 직접 실천하려면 고객의 경험을 상상해보고, 그를 기반으로 서비스를 기획하는 것보다 더 나은 방법은 없다. 이 방법은 애플리케이션과 소프트웨어 제작 아이디어뿐 아니라 호텔 서비스나 자산 관리사의 투자 옵션 개발에도 영감을 줄 것이다.

사용자의 관점에서 생각하지 않거나 사용자 중심 디자인을 적용하지 않는 기업도 공감형 브랜드를 만들 수 있을까? 그럴 수 있을지도 모른다. 하지만 고객을 중심에 두고 제품을 만드는 것이 기업이 고객의 의견을 경청하고 고객의 시각으로 바라보며 고객의 니즈를 충족시키고 싶어 한다는 것을 증명하는 가장 빠른 방법일 것이다. 말을 행동으로 옮기는 것이 가장 확실하다.

브랜드를 공감의 가치로 채우는 일이 기업의 시장 경쟁력에 어떤 도움이 될까? 이제 내부에서 외부로 뻗어나가는 진정한 공감형 브랜드가 주는 이점이 무엇인지 자세히 알아보자.

안정적인 시장성과 유지력

공감형 브랜드를 구축하면 고객 만족도와 수익 증가가 따라오고 시장에서도 롱런하는 브랜드가 될 수 있다.

앞서 '공감 능력이 비즈니스에 미치는 영향'에서 이야기했듯이, 공감이 기업에 가져다주는 여러 이익 중 하나가 판매량 증가와 시장성과 향상이다. 브랜드는 로고부터 고객 의견까지 모든 것을 아우르는 개념이기 때문에 다시 한번 자세히 들여다볼 필요가 있다.

여기서는 경제적 이익 이상의 의미를 살펴볼 것이다. 브랜드에서 이야기하는 시장성과에는 유지력과 적응력 등이 포함된다. 진정한 공감형 브랜드는 장기적으로 높은 고객 충성도를 형성할 수 있으며, 세분화된 시장에서 새로운 고객층을 계속 흡수할 수 있다(공감 능력이 결여된 브랜드는 외적 성장과 수익 증가에 급급해하고, 결국 대부분 빠르게 번아웃을 겪는다). 브랜드 메시지와 문화에 공감이 스며들면 기업은 고객이 무엇을 원하는지 더 잘 파악하고 반응할 수 있기 때문에, 고객의 요구를 충족시키기 위해 기꺼이 변화를 감내한다. 이 모든 과정은 시장 점유율을 높여주고 유지력을 비약적으로 향상시키는 결과를 가져온다.

미국의 고급 백화점 노드스트롬Nordstrom은 오프라인과 온라인 시장 양쪽에서 살아남은 몇 안 되는 백화점 체인이다. 그 이유는 무엇일까? 그들이 항상 확실하게 고객 우선 정책을 펼쳤기 때문이다. 관대한 환불 정책이 대변하듯 이들은 고객을 대할 때 항상 브랜드 약속을 실천해왔다. 노드스트롬 알래스카 지점에서 타이어 세트를 반품한 고객의 이야기는 지금도 유명하다(노드스트롬의 대변인에 따르면 이는 실화다). 그 고객은 백화점이 들어서기 전 그 부지에 있던 가게에서 타이어를 구매했었다. 노드스트롬은 의류, 신발, 액세서리 등을 판매하는 고급 백화점이었기에 누가 봐도 타이어는 그곳에서 구매한 것이 아니었다. 하지만 노드스트롬 매니저는 어찌 되었든 타이어를 환불해줬다. 백화점의 수익을 고려하면 말도 안 되는 행동으로 보이겠지만, 이 이야기는 노드스트롬의 정직하고 충성스러운 고객들에게 자사의 유연한 환불 정책은 고객의 더 편안한 삶을 위해 고안된 제도라는 메시지를 전달해주었다.

시애틀에 있는 커뮤니케이션 전문 기업 피어스 컨버세이션스는 고객사들이 공감을 장려하는 사내 규칙을 세울 수 있게 도와준다. 고객사의 리더들은 이 회사의 도움을 받아 팀원들과 함께 문제를 자세히 들여다볼 수 있게 디자인된 코칭 대화 모델을 사용하게 된다. 코칭 대화 모델은 "우리가 논의해야 할 가장 중요한 문제는 무엇인가요?"와 같은 질문으로 시작한다. 이 질문을 통해 직원들이 의제를 주도하면, 리더들은 공감 능력을 활용하여 문제를 살펴보는 방안을 제시한다. 여러 질문이 오가면서 점점 더 깊은 논의를 끌어내고, 마침내 리더와 직원 모두 팀에게 정말 필요한 것에 집중하게 된다.

이에 대해 피어스 컨버세이션스의 대표이사 스테이시 엔글은 이렇게 설명한다. "이는 '채굴 모델'이라고 불립니다. 물을 얻기 위해 구멍을 뚫을 때 드릴 비트를 계속 교체해줘야 땅을 더 깊게 팔 수 있습니다. 한 층에 도달했어도 다른 층으로 뚫고 나가려면 계속 질문을 던져야 한다는 얘기죠. 저희 고객사 중 하나인 코스트 캐피털 Coast Capital의 경우, 이 기법을 사용해 지난해 월 수익을 42만 5000달러나 더 올렸어요. 그뿐만 아니라 직원들의 몰입도도 높아졌죠. 코칭 점수 역시 23퍼센트 향상되었습니다. 공감 전략에는 수익 증대라는 숨겨진 강점이 있습니다."

고객 유지율과 충성도 증가

내부적으로 공감 능력이 뛰어난 브랜드는 훨씬 쉽게 높은 고객 충성도를 확보할 수 있다. 왜 그럴까? 다시 말하지만, 안에서 밖으로 흘러나오는 공감의 특성 때문이다.

내부 요소인 리더십과 문화는 둘 다 외부 요소인 고객 브랜드 경험에 매우 큰 영향을 미친다. 이 둘은 근본적으로 브랜드라는 집 전체를 떠받드는 요소다. 콜센터 직원이 시간당 응대한 통화 건수가 아닌 고객을 적절히 응대한 행동으로 보상을 받는다면, 고객들은 분명 더 좋은 경험을 하게 되고 그로 인해 그 기업에 대해 더 좋은 인상을 받게 될 것이다. 반대로, 직원들이 냉혹하고 과도하게 경쟁적인 문화에서 일하게 되면, 고객들에게도 똑같은 행동을 하게 될 것이다. 고객들을 실망시키고, 불만 사항을 대충 넘기며 만족도보다는 처리 속도에 집중하는 것이다. 브랜드의 공감 능력이 뛰어나면 직원들의 공감 능력도 뛰어나며, 이러한 환경이 고객에게도 영향을 미친다.

라운드 테이블 컴퍼니Round Table Companies의 창립자이자 CEO인 코리 블레이크Corey Blake는 공감할 줄 아는 기업이 소비자들에게 호의적인 인상을 남긴다는 사실을 정확하게 파악하고 있다. 그의 회사는 작가, 아티스트, 영화 제작자 등과 협력해 그들의 아이디어와 이야기를 발전시키고 방송으로 내보낸다. 이런 고객들은 협업의 결과물, 즉 작품에 대한 애착이 굉장히 강하다.

이와 관련해 블레이크는 이렇게 말한다. "몹시 화가 난 고객이 불만 사항을 쓴 메일을 보낸다 해도, 우리는 공감 능력을 발휘해 고객의 반응을 상처로 받아들이지 않습니다. 이 사태의 원인과 우리는 그다지 관계가 없다고 생각하며 침착하게 대응하지요. 그런 방식으로 우리는 공감하는 마음뿐 아니라 친절하게 대응하는 태도까지 갖추게 되었습니다. 우리는 불만 고객이 있는 곳으로 가 그들을 만나고, 그들의 이야기를 들어주고, 그들이 가고 싶어 하거나 가야 하는 곳으로 갈 수 있게 도와줍니다. 공감 능력이 없었다면 회사가 무너졌을지도 모릅니다. 그럼 우린 큰 손해를 입었겠지요. 사람들이 멀어지거나 떠나고, 고객들이 중요한 프로젝트에서 이탈했을 수도 있고요."

전 직원이 소통 능력과 진정으로 공감하는 태도를 길러야 한다는 블레이크의 주장 덕분에 회사는 자포스 CEO 토니 셰이, 임원 코치이자 베스트셀러 작가 마샬 골드스미스Marshall Goldsmith, 유명 심리학 교수 로버트 치알디니Robert Cialdini 등을 포함한 충성도 높은 고객들을 얻을 수 있었다. 블레이크는 브랜드 전반에 걸쳐 공감의 가치가 퍼져나가도록 했다. "완벽하지 않아서 섹시하다Vulnerability Is Sexy"가 이 회사의 슬로건이다.

다시 일어설 기회를 제공한다

기업이 고객과 함께 발을 맞추고 고객이 자사의 브랜드가 자신을 진짜로 '이해한다'고 느끼게 할 때, 기업 브랜드는 고객의 삶의 한 부분을 차지하게 된다. 공감해주는 브랜드라는 인식이 생기면 고객들은 계속 해당 브랜드를 이용하며 의존하게 되고, 그에 관한 이야기를 하며 재구매를 이어가는 브랜드의 지지자가 된다.

바꿔 말해, 기업이 고객 편을 들어주면 고객들도 기업 편을 들어주는 것이다.

회사 상황이 안 좋아지거나 실수를 저지른다 해도, 그동안 쌓아온 브랜드 호감도가 있다면 실수를 바로잡고 만회할 기회를 얻을 수 있다. 고객들이 실수가 항상 있는 일이 아닌 예외적인 상황이라고 생각해주기 때문이다. 특히 해당 브랜드가 사고를 수습하려고 취하는 행동에서 훨씬 더 많은 공감 능력을 발휘한다면 더더욱 그렇다.

제트블루 항공JetBlue은 편안하고 재밌고 저렴한 비행 서비스로 브랜드 인지도를 쌓아오고 있었다. 이는 광고나 브랜드 메시지에 그치지 않고, 항공사의 상품에 해당하는 좌석과 조명, 편의용품, 서비스 등을 포함한 기내에서의 물리적 경험으로까지 확장되었다. 제트블루는 적극적으로 승객들이 비행 중 가장 불편해하는 점이 무엇인지 찾아 나섰고 문제점들을 개선했다. 다리 공간을 넓히고 무료 TV 시청 서비스를 제공했으며, 심지어 출출하거나 목이 마를 때마다 먹고 마실 수 있는 셀프 스낵바까지 설치했다. 제트블루의 마케팅 부문 전부사장 제이미 페리Jamie Perry는 "고객과 고객 경험을 개선하는 일에 관심을 쏟지 않는다면, 우리가 할 일을 하지 않는 셈입니다"라고 말했다. 제트블루는 꾸준히 높은 평가를 받고 있다. 저렴한 요금과 뛰어난 수화물 관리 능력을 자랑하며 고객들에게 절대 인색하게 굴지 않기 때문이다.

2007년, 강력한 태풍이 미국의 북동부를 강타했고, 이로 인해 비행기들이 공항에 발이 묶여 승객들 수천 명의 여행 계획이 틀어지게 됐다. 여느 항공사와 다를 바 없이 제트블루도 연방 항공국에서 지침이 내려올 때까지 비행기에 탄 승객들을 몇 시간 동안 활주로 위에서 기다리게 했다. 그리고 이 사태는 브랜드 이미지에 악몽과 같은 결과를 초래했다.

제트블루는 이 위기에 어떻게 대처했을까? 트레이드마크인 투명성과 고객 중심 정책으로 돌파했다. 결과적으로 제트블루의 브랜드와 경제적 가치는 다시 정점을 향해 반등했다. 당시 항공 업계 전문가들조차 제트블루가 위기를 극복할 수 있었던 이유를 고객 감동 서비스로 다진 뛰어난 평판 덕분이라고 말했다. 승객들은 상황이 어떻게 돌아가는지 잘 모르기 때문에 신속한 정보 전달을 필요로 한다. 제트블루는 이 점을 파악하고 발 빠르게 보상 계획을 발표했고, 이 대응으로 많은 이들의 박수를 받았다. 당시 로이터 통신 Reuters은 이에 대해 다음과 같이 보도했다.

제트블루 항공사는 취소된 항공편의 승객들에게 요금을 환불해주는 데 총 1000만 달러를, 지연된 항공편의 승객들에게 다음 비행 때 쓸 수 있는 바우처를 발행하는 데 총 1600만 달러를 지불했다. 이와 더불어 고객들과 더 원활한 소통을 하기로 약속하고, 비행 지연 및 다른 문제점들을 처리하는 절차를 개선했다.

제트블루는 수요일에 한 번 더 기회를 달라고 고객들에게 호소하며, 주요 언론에 전면 광고로 사과문을 게재했다. "고객 여러분들은 지난주 저희에게서 더 나은, 훨씬 더 나은 대우를 받았어야 했습니다. 하지만 저희는 여러분께 실망을 안겨드리고 말았습니다."

이번 수요일, 제트블루의 주가는 2.3퍼센트 상승한 13.19달러로 마감 되었는데, 이는 지난 2월 13일쯤 얼음 폭풍이 불어닥치기 전 주가인 12.99달러를 웃도는 가격이다.

제트블루는 고객의 시선에서 상황을 바라보고 그에 맞추어 대응 했다. 고객들은 공감하고 베풀 줄 아는 브랜드로 이미 자리 잡은 제 트블루를 용서했다. 그들은 일련의 사건들을 평소 이 회사가 쌓아온 명성에 배치되는 특수한 상황이라고 인식했다. 제트블루는 이미 고 객들의 삶에서 중요한 부분을 차지하고 있었던 것이다.

언론 홍보와 입소문 효과

기업을 어떻게 운영하느냐에 따라 경쟁자들보다 더 많은 주목을 받 을 수 있다. 그리고 고객의 니즈와 원츠에 공감하는 기업이라는 인식 이 생기면, 그 브랜드는 천하무적이 될 수 있다.

공감을 실천하는 기업은 눈에 띄는 광고 효과를 얻는다. 고객들이 해당 기업에 대해 더 많이 더 자주 이야기하기 때문이다. 보통 언론 도 틀을 깨고 특별한 일을 하는 기업의 이야기를 다루고 싶어 한다.

소비자 협동조합으로 운영되는 미국의 야외 레크리에이션 서비스 회사 레이REI는 연중 최대 규모의 쇼핑 행사가 치러지는 블랙 프라이데이Black Friday에 바깥 활동을 권장하는 '#옵트아웃사이드#OptOutside' 캠페인을 진행했고, 덕분에 쏟아지는 기사로 공짜 홍보 효과를 만끽했다. 모든 오프라인 매장과 온라인 쇼핑몰을 닫고 가족과 함께 시간을 보내라는 취지에서 직원들에게 휴가를 주기로 한 결정은 회사로서 엄청난 위험 부담을 감내한 것이었다. 이들은 고객들에게도 사람들이 붐비는 쇼핑몰 안에 갇혀 있지 말고 야외 활동을 하라고 권했다. 위험을 감수하고 고객과 직원에게 진정으로 공감하는 마음으로 이런 캠페인을 벌인 것이다. 이 캠페인은 광고나 PR에 대한 어떠한 비용 청구도 없이 언론에서 자발적인 기사를 쓰고 SNS에서 입소문이 퍼지는 현상을 만들어냈다.

브랜드 위기 상황에서 언론 보도보다 더 큰 영향력을 발휘하는 건 없다. 에어비앤비는 허리케인 마이클과 허리케인 플로렌스로 피해를 본 플로리다 주와 노스캐롤라이나 주의 피난민들에게 무료로 임시 숙소를 제공했는데, 이 소식이 미국 전역의 언론사에 보도되면서 기존 및 잠재 고객의 브랜드 인식을 높이는 효과를 누렸다.

소비자들은 기업이 자신들에게 공감하고 온정적인 행동을 할 때 온라인 공간에 긍정적인 평가와 SNS 포스팅을 올린다. 『토크 트리거: 입소문의 방아쇠를 당겨라Talk Triggers: The Complete Guide to Creating Customers with Word of Mouth』의 공동 저자 제이 배어와 대니얼 레민Daniel Lemin은 예상치 못한 공감으로 고객들을 만족시키는 것이 입소문 전략의 다섯 가지 유형 중 하나라고 설명한다. 두 저자에 따르면, "효율성과 수익률을 따져봐야 하므로, 많은 기업은 단순히 공감대를 형성하기 위해 시간을 투자하지는 않는다." 즉, 이런 행위는 사람들이 자기 회사 브랜드에 관해 이야기하고 친구들에게 널리 알리도록 하기 위한 전략이라는 것이다. 실제로, 기업이 조금만 공감하는 태도를 보여도 사람들은 알아본다. 지인들에게 이야기하고, 수백만 명이 볼 수 있는 인터넷이나 SNS 공간에 브랜드를 칭찬하는 것이다.

공감 능력만 잘 활용해도 기업은 돈 한 푼 들이지 않고 이 모든 걸 이룰 수 있다.

배어와 레민은 입소문 마케팅으로 큰 비용을 들이고도 비슷한 규모의 효과를 얻지 못하는 광고 및 홍보 전략들과 비교해 수백만 달러의 비용을 절감할 수 있다고 주장한다. 이 사실을 증명해주는 다양한 통계 자료도 있다.

요거트 회사 초바니Chobani는 창업자의 난민 경험을 공감형 기업 정책으로 녹여낸 이야기로 CNN과 패스트컴퍼니Fast Company(기술, 비즈니스, 디자인 등을 중점적으로 다루는 미국의 경제 전문 매체-옮긴이) 등에서 매우 호의적으로 소개됐다. 초바니는 수백 명의 난민들을 고용해 그들에게 더 나은 삶을 살 기회를 제공하고 있다. 초바니의 창립자이자 CEO인 함디 울루카야Hamdi Ulukaya에 대해, 패스트컴퍼니는 다음과 같이 보도했다. "그는 경쟁력과 굉장히 강한 공감 능력을 결합한 새로운 형태의 비즈니스 리더십을 구축했다."

이 모든 행동을 가짜 공감을 만들어내기 위해 계산된 시도라고 보는 시각도 있을 것이다. 하지만 많은 사람들이 이러한 행동들을 순수한 의도로 받아들이는 이유는, 그 저변에 고객에 대한 깊은 이해 혹은 직접 공감을 실천으로 옮긴 전력이 자리 잡고 있기 때문이다.

그렇다면 어떻게 해야 공감형 브랜드를 키우고 뛰어난 명성을 얻을 수 있을까? 고객을 만족시키고 회사가 잘 굴러가도록 하려면 어떤 행동, 직원, 정책, 소통, 인프라, 교육이 필요할까? 다음에는 당신의 브랜드를 공감형 브랜드로 만들어줄 전략에 대해 살펴볼 것이다.

체크포인트

브랜드는 비즈니스의 정수다. 브랜드는 기업의 심장이자 영혼이며, 기업 미션의 본질이자 기업 경영의 핵심이다. 높은 시장 점유율을 자랑하는 강력한 브랜드는 내부에서 만들어져 외부로 나타나며, 역으로는 성취될 수 없다.

- **공감형 브랜드를 만드는 요소에 대해 알아보자:** 브랜드를 이끄는 직원들의 공감 능력이 부족하면 공감형 브랜드를 만들 수 없다. 브랜드는 사람들이 느끼는 기업의 인상으로, 기업의 평판과 대중의 인식을 모두 포함하며 시각적, 언어적, 경험적 요소를 기반으로 형성된다. 공감형 브랜드는 다음과 같은 이익을 가져다준다.

- **시장성과를 안정적으로 유지해준다:** 진정한 공감형 브랜드는 장기적으로 높은 고객 충성도를 형성하며, 세분화된 시장에서 새로운 고객층을 계속 흡수한다.

- **고객 유지율과 충성도를 증가시킨다:** 내부 요소인 리더십과 문화는 둘 다 외부 요소인 고객 브랜드 경험에 매우 큰 영향을 미친다. 브랜드의 공감 능력이 뛰어나면 직원들의 공감 능력도 뛰어나며, 이러한 환경이 고객에게도 영향을 미친다.

- **다시 일어설 기회를 제공한다:** 기업이 고객과 함께 발을 맞추면, 고객은 그 기업의 브랜드가 자신을 이해한다고 느낀다. 이때 기업은 고객의 삶의 한 부분을 차지하게 된다. 회사 상

황이 안 좋아지거나 실수를 저질렀을 때도 그동안 쌓아온 브랜드 호감도가 있으면 실수를 바로잡고 만회할 기회를 얻을 수 있다.

◆ **언론 홍보와 입소문 효과를 불러온다:** 공감을 실천하는 기업은 눈에 띄는 광고 효과를 얻을 수 있다. 고객들이 해당 기업에 대해 더 많이 더 자주 이야기하기 때문이다. 언론도 틀을 깨고 특별한 일을 하는 기업의 이야기를 다루고 싶어 한다.

공감형 브랜드를 만드는 습관과 특징

공감 능력이 뛰어난 기업으로 고객들에게 사랑받는 8가지 전략

고객에게 최대한 가까이 다가가라.
고객이 무엇을 필요로 하는지 그들 자신보다 먼저 알고 말할 수 있을 만큼.
_ 스티브 잡스, 애플의 공동 창립자이자 전 CEO

마지막으로, 기업 규모에 상관없이 공감형 브랜드로 거듭나게 해주는 절차, 방법, 행동들을 살펴보자. 지금부터 소개할 여덟 가지 전략은 지속적으로 고객들의 참여를 유도하고 그들과 소통하며 고객 만족도를 높이는 데 도움이 될 것이다.

1. 고객의 시각을 존중하기

기업의 핵심 가치를 담은 미션을 조직이 한마음이 되어 따르지 않는다면, 그 기업의 브랜드는 '절대 공감 능력이 뛰어나다', '혁신적이다', '유익하다', '세련되었다' 등의 평가를 받지 못할 것이다. 핵심 미션은 기업이 항상 고객을 중심으로 생각한다는 것을 확실하게 보여주는 결정을 담고 있어야 한다. 브랜드는 단순히 광고나 로고 이상의 의미를 지니기 때문에 안에서 밖으로 표현되어야 한다. 강하고 탄탄한 브랜드라는 인상을 주는 데 사용할 수 있는 가장 좋은 '소재'는 바로 기업이 존재하는 근본 이유다.

기업 미션은 웹사이트나 벽에 붙은 뻔지르르한 포스터(보통 직원들이 불쾌해하거나 무시해버릴 내용이 담겨 있다)에서만 찾을 수 있는 지루하고 상투적인 문구가 되어선 안 된다. 직원들이 매일 하는 행동을 다 담을 수 있는 방식으로 만들어져야 한다. 공감, 인정, 고객 경험 등을 강조하는 미션은 직원들이 제품 기획, 홍보 문구 작성, 포장 디자인, 결제 조건 수립 등 사안의 경중을 막론하고 모든 수준에서 올바른 결정을 내릴 수 있게 해준다.

모든 조직 구성원이 기업 미션을 따라야 하는 것만큼이나 기업 미션이 고객이 중요시하는 가치와 일치하는지가 중요하다. 진정한 공감형 브랜드를 만들려면 고객의 세계관과 그들이 마주하는 어려움, 추구하는 목표 등을 존중해야 한다. 예를 들어, 기본적으로 기업의 목적이 '큰돈을 벌자'일지라도 이 목표를 미션으로 삼을 수는 없다. 고객은 기업이 큰돈을 벌든 안 벌든 관심이 없다. 그들은 기업이 고객을 어떻게 대하는지, 고객에게 무엇을 주는지, 왜 그렇게 하는지에 초점을 맞춘다. 그러므로 기업 미션은 내부의 직원들이 따를 수 있고 외부의 고객들이 마음에 와닿는다고 느낄 수 있는 문장이어야 한다.

다시 제트블루의 이야기를 해보자. 이 회사는 미션을 원래의 '인간미가 느껴지는 항공 여행To bring humanity back to travel'에서 간결하게 '정감을 선물합니다Inspiring humanity'로 바꾸었다. 이러한 변화는 앞에서 다룬 뛰어난 고객 서비스 경험에 영향을 미쳤으며, 넓은 다리 공간부터 무료 TV 시청 서비스와 기내 셀프 스낵바에 이르는 다양한 서비스로 이어졌다. 즐거운 비행 경험을 대중화하겠다는 생각은 그들이 돈이 되는 상위 1퍼센트의 고객에게 편의를 제공하는 데만 시간을 쏟지 않겠다는 뜻이다. 이들은 일반 대중에게도 같은 편의를 제공하며 모두를 똑같이 귀하게 그리고 정감 있게 대한다. 전 직원이 기업 미션을 실천하지 않았다면, 제트블루는 지금과는 완전히 다른 비즈니스 모델과 브랜드 인식을 구축했을 것이다.

레이의 전무이자 수석 고객 책임자인 벤 스틸Ben Steele의 말에 따르면, "레이의 미션과 핵심 가치는 언제나 자연에 대한 평생의 사랑과 책임을 일깨우고 실천하는 것"이었다. 레이에서 펼친 #옵트아웃사이드 캠페인은 일반적으로 빈껍데기에 불과한 마케팅 문구들을 뛰어넘었다. 이는 모든 직원이 기업 미션을 따르고, 회사가 고객과 직원 모두의 목소리에 공감하고 귀 기울이며 가치를 공유할 때 어떤 일이 일어나는지 보여준다. 이 캠페인 덕에 레이는 수많은 언론에 무료로 기사가 실리고 SNS에서 입소문이 퍼지는 효과를 누릴 수 있었다. 이 아이디어가 처음 수면 위로 드러난 순간은, 추수감사절 연휴가 다가오기 직전 내부 직원 워크숍에서 스틸이 회사의 브랜드 방향성과 그

것이 레이의 미션에 미치는 영향을 논의했을 때다.

직원들은 자신들에게 연휴가 어떤 의미인지 솔직하게 이야기했다. 그들에게 연휴란 스트레스가 심하고 상업주의에 물들었으며, 좋아하는 장소에서 사랑하는 사람들과 시간을 보내기보다 물건에 더 집착하게 되는 날이었다. 실제 우리 사회에서 흔히 생각하는 연휴의 모습과 대조되는 내용이었다. 블랙 프라이데이와 같은 날은 조합원들에게는 매장에서 엄청난 쇼핑 인파와 씨름하는 일로, 직원들에게는 연휴 이후의 근무로 불필요한 긴장과 스트레스를 유발했다. 누군가 이렇게 외쳤다. "절대 할 수 없는 일이긴 하지만 블랙 프라이데이에 매장 문을 닫아버리는 것이 어때요?"

스틸이 대답했다. "왜 절대 할 수 없는 일이죠?" 짜릿한 순간이었다. 팀원들은 이 아이디어가 어떻게 실행에 옮겨질 수 있을지, 당시 1만 2000명에 달하던 직원들에게 어떤 의미가 될지 연구했다.

이 일에 관해 스틸은 이렇게 설명한다. "이 같은 결정을 하게 된 이유는 우선 직원들 그리고 조합원들의 마음에 공감했기 때문입니다. 사랑하는 사람들과 시간을 보낼 수 있게 그들에게 휴가를 주자는 이 아이디어의 핵심 메시지에 주목했습니다. 그러고 나서 #옵트아웃사이드 캠페인으로 회사 바깥 세계의 사람들에게 이 아이디어를 공개해 무슨 일이 일어나는지 지켜봤죠."

스틸의 말에 따르면, 레이의 전 직원은 기업 미션을 철저히 따르기 때문에 엄청난 위험을 감수하기로 한 결정에도 압도적으로 "너무 좋습니다!"라는 반응을 보였다. "일이 잘 풀릴지 전혀 알 수가 없었습니다. 하지만 크게 괘념치 않았죠. 우리에게 가장 중요한 가치가 무엇인지 직원들이 알게 되는 것만으로도 성공이라고 생각했습니다."

레이는 #옵트아웃사이드 캠페인의 효과로 대박을 터트렸다. 다른 소매 기업들도 이 캠페인에 동참했으며, 미국 주립 공원들 역시 이에 호응했다. 스틸의 말대로 이 모든 건 직원들과 조합원들에게 공감하는 마음에서 비롯되었다. "우리의 의도는 순수했습니다. 이 캠페인에 대한 아이디어는 사람들이 야외 활동을 즐기기를 바라는 우리의 목표와 완전히 일치했어요. 우리는 이 아이디어가 널리 퍼질 수 있게 전 직원이 여기에 동참하도록 했습니다. 직원들과 공동체가 더 나은 경험을 할 수 있길 바랐는데, 그 바람이 현실이 되었죠."

글로벌 고객 관리 대행사 C스페이스C Space에서는 고객들을 특정 브랜드로 끌어들이는 요소를 평가하는 고객지수CQ, customer quotient 연구 자료를 매년 발표한다. #옵트아웃사이드 캠페인을 펼친 다음 해인 2016년에 레이는 고객지수 상위에 이름을 올렸으며 고객을 가장 존중하는 기업 1위를 차지했다. 같은 해 《하버드 비즈니스 리뷰》 기사에 따르면, "고객들이 레이를 언급한 횟수가 2015년에 비해 270퍼센트 증가했다." 그리고 2015년 말 조합에서 자체적으로 발표한 자료에 따르면, 수익은 9.3퍼센트 증가한 240억 달러를 기록했으며 온라인 매출은 23퍼센트까지 증가했다.

스틸은 그때의 과감한 조치가 매년 레이에게 더 나은 성과를 가져다주고 있다고 말한다. 미국의 IT 전문 웹사이트 긱와이어GeekWire에서 스틸은 이렇게 밝혔다. "#옵트아웃사이드 캠페인은 오로지 긍정적인 영향력만 발휘했다고 자신 있게 말할 수 있습니다. 현재 저희 조합원은 1700만 명입니다. 그리고 매년 100만 명씩 늘어나고 있지요. #옵트아웃사이드 캠페인을 벌인 첫해부터 무섭게 증가하고 있어요. 이 모든 건 협동조합과 조합원 공동체의 발전을 위한 일입니다."

C스페이스의 아주 매끄러운 표현을 빌리자면, "고객은 고객을 이해해주는 기업을 신뢰한다. 또한 고객을 존중한다고 생각하는 기업을 존중한다. 그리고 이 상호주의의 결과는 고객지수 데이터와 수익률에 그대로 나타난다."

2. 공감의 언어로 이야기하기

공감은 적절한 언어를 사용하는 데서 시작된다. 언어는 우리를 하나로 만들어주고 특정 목적 아래 단결된 느낌을 받게 해줄 수도 있지만, 사이를 멀어지게 하거나 불쾌감을 주거나 우리 의견을 양극단으로 몰아세울 수도 있다. 따라서 브랜드를 나타내는 키워드와 슬로건, 그 밖의 언어적 표현을 매우 신중하게 선택해야 한다.

'공감 문화를 만드는 습관과 특징'에서 살펴보았듯 벨린다 파마는 간단한 공감 넛지를 활용해 고객들이 적절한 언어를 선택할 수 있도록 도와준다. 당신이 쓰는 이야기와 당신이 만드는 마케팅 전략에 들어갈 단어를 얼마나 적절하게 선택하느냐에 따라 고객과의 관계가 단단해지거나 단절될 수 있다.

적절한 단어란 어떤 것일까? 바로 고객이 말하는 언어로, 나는 이를 '고객의 머릿속 목소리Voice Inside Their Heads'라고 부른다.

　언어는 중요하다. 그러니 고객들에게 가장 큰 영향력과 울림을 주는 말이 무엇일지 생각해보라. 어떤 표현이 고객들을 멀어지게 하고 자존심에 상처를 낼까? 어떤 표현으로 고객을 존중하고 경청하며 이해한다는 느낌을 줄 수 있을까? 어떤 단어와 문구를 써야 고객뿐 아니라 사회와 사회 구성원들의 입장에 공감한다는 것을 보여줄 수 있을까? 어떤 말을 해야 고객이 "세상에! 완전 내 취향이야!"라고 외치며 공감대를 형성하고 우리 브랜드와 사랑에 빠지게 될까?

　적절한 단어를 선택하는 것은 공감형 브랜드로 소통하는 첫걸음이다. 말로 사람들을 끌어당기지 못하면 이미 전투에서 진 것이나 마찬가지다.

　공감형 브랜드는 마케팅 자료나 홍보 책자를 작성할 때뿐 아니라 좀 더 유기적인 소통을 할 때도 언어에 각별히 신경 써야 한다. 공정무역 상품을 판매하는 기업 페어 아니타는 고객들과 공예가들 사이에 공감대를 형성하기 위해 양방향으로 소통한다. 페어 아니타는 사진과 소개 글을 곁들여 브랜드 제품을 만드는 뛰어난 여성 공예가들을 집중 조명하고, 그들이 어떤 일들을 이뤄냈는지 솔직하게 이야기한다. 하지만 이 회사는 고객의 이야기를 공예가들과 나누는 일 또한 강조한다. 페어 아니타는 자신들이 사용하는 언어에 굉장히 주의하며, 공예가들을 피해자로 표현하지 않으려 의식적으로 노력한다. 대신 리더, 활동가, 혁신가로 그녀들을 묘사한다.

　창립자 조이 맥브리엔은 연민과 공감을 혼동하지 않으려 무척 애쓰고 있다. "저희는 함께 일하는 여성들에 대해 이야기할 때 표현 방식에 굉장히 신경을 씁니다. 그녀들을 자신의 삶을 주체적으로 살아가는 사람들로 표현하기 위해서지요. 실제로 그렇거든요. 한번은 웹사이트에 페루 출신의 공예가 중 한 명인 마리트사의 소개글을 올렸어요. 그녀는 사진으로만 봐도 명확히 알 수 있을 정도로 심각한 신체장애가 있지만, 정말 훌륭한 보석 공예가입니다. 아주 끔찍한 환경에서 살고 있지만, 독학으로 보석 공예를 배웠고 페루의 동네 시장에서 자신의 작품을 팔기 시작했어요. 마리트사는 신체장애가 있는 다른 여성이나 신체장애가 있는 아이를 키우는 여성과 함께 기술 공부를 하고 있어요. 그래서 그녀에 대해 이야기할 때 저희는 '마리트사는 여성 10명의 리더로서 그들과 함께 이 보석을 만들었습니다'와 같은 표현을 씁니다."

맥브리엔의 회사는 열심히 일하는 공예가들의 이야기를 공유할 때, 용기를 북돋우고 힘을 주는 언어를 사용한다. 이런 정책에 대해 맥브리엔은 이렇게 설명한다. "전 절대 SNS에 '미네소타 주에 사는 제 친구 켈시가 만든 물건인데 사주세요, 여러분. 그녀는 굶고 있어요'와 같은 식으로 글을 쓰지 않아요. 켈시에 대해선 이런 식의 표현을 쓰지 않는데, 페루나 인도에 있는 여성에 대해 이런 식으로 말해야 할 이유가 없잖아요? 저희는 이 연민의 눈길을 없애려 노력하고 있어요. 그래야 진정한 공감에 기반한 관계가 만들어질 수 있거든요."

브랜드의 목소리에 공감이 스며들도록 하려면 방문자 수가 거의 없는 웹사이트의 문구든 전국에서 볼 수 있는 광고 문구든 관계없이 고객의 시선으로 언어를 다듬는 것이 핵심이다. 이 문구들은 고객과 더 끈끈하고 친근하고 단단한 관계를 맺도록 해준다.

어디서부터 시작해야 할지 모르겠다면, 다음 몇 가지 제안을 참고하기를 권한다.

• 웹사이트의 메인 페이지와 문의 사항 페이지

웹사이트에 쓰인 문장들이 어떤 느낌을 주는지 점검해보라. 고객을 환영하고 이해한다는 따뜻한 느낌을 주는가? 이 회사가 내 문제를 해결해주거나 가치를 높여줄 것이라고 고객이 믿을 수 있게 그들의 요구 사항에 즉시 응대하는가? 고객과 인간적으로 소통하며 부드러운 분위기 속에서 고객의 문제나 불만 사항을 이야기할 수 있는가?

• 채용 가이드북

신입 직원들이나 입사 지원자들을 대상으로 하는 자료에는 항상 회사의 미션과 가치가 눈에 띄고 선명하게 드러나야 한다. 거기에 쓰인 단어를 통해 사람들이 이 회사에 무엇을 기대할 수 있는지 알 수 있어야 하는 것이다. 이들이 기업을 선택할 때 중시하는 것들을 참고해 표현해도 좋다. 회사 자랑을 늘어놓는 것도 좋지만 이들도 이 기업이 나와 잘 맞는지 아닌지 평가한다는 사실을 기억하자. 이들의 입장을 고려한 언어를 사용하라.

• 고객 서비스 매뉴얼

고객 서비스 매뉴얼에 고객을 비난하거나 무시하거나 도발하는 단어나 문구가 있는지 또는 직원을 인간이 아닌 로봇처럼 언급하는 문구가 있는지 살펴보라. 고객 서비스 담당 직원들에게는 고객에게 공감하는 마음이 담긴 매뉴얼을 지급해야 한다. 진심이 담길 수 있도록 직원들에게 개개인의 상황에 따라 고객 응대를 할 수 있는 권한을 주자.

3. 열정적인 브랜드 대사를 채용하기

앞서 '공감 문화를 만드는 습관과 특징'에서 우리는 타고난 공감 능력을 잘 발휘할 수 있는 리더와 직원을 고용하는 것이 얼마나 중요한지 알아보았다. 여기서는 특히 외부에서 직접 얼굴을 맞대고 고객을 응대하는 사람들의 역할을 집중적으로 다룰 것이다. 이 직원들에게는 공감과 관련된 특별한 임무가 있다. 모든 직원이 공감의 가치를 수용하고 실천해야 하지만, 브랜드 인식에 결정적인 영향을 미치는 것은 회사를 대표해 최종 소비자들이 원하는 바를 얻을 수 있게 도와주는 직원들이다. 특히 옐프Yelp(미국의 지역 정보 커뮤니티 사이트-옮긴이)의 리뷰와 SNS의 파급력이 거센 오늘날과 같은 시대에는 단 한 번의 불쾌한 고객 경험이 몇 년 동안의 노력과 수백만 달러짜리 마케팅 전략을 물거품으로 만들 수도 있다.

앞에서도 이야기했듯이, 고객사와 브랜드 전략 컨설팅을 진행할 때 나는 인사팀이나 채용팀에서 논의를 이끌어가야 한다고 주장한다. 이 주장은 종종 혼란을 불러일으킨다. "도대체 그 사람들이 브랜딩과 무슨 상관이 있습니까?" 이런 물음에 나는 단호하게 밀접한 상관이 있다고 대답한다.

　브랜드는 언행일치를 이루어야 하며, 직원들은 이와 관련한 가장 중요한 브랜드 자산이다. 그러므로 적합한 자질을 갖춘 직원들을 고용하는 일이 매우 중요하다. 최종 소비자와 직접 대면하는 직원, 즉 브랜드 대사brand ambassador야말로 고객에게 약속한 기대 경험expected experience을 올바른 행동으로 전달할 수 있기 때문이다.

　고객을 생각하고 이해하며 고객의 마음에 공감하는 브랜드를 만들기 위해 의식적으로 노력하든 안 하든, 고객과의 상호작용은 모두 공감을 바탕으로 이뤄져야 한다. 그렇지 않으면 판매량과 시장 점유율 저하라는 위험을 감수할 수밖에 없다. 따라서 공감 능력이 뛰어난 사람들을 고용하는 것이 회사 수익을 올릴 수 있는 가장 좋은 방법이다.

　이에 대한 근거로서 온라인 쇼핑에 관한 내 개인적인 경험을 공유하려 한다. 나를 응대한 고객 서비스 담당 직원은 날카롭고 퉁명스러웠으며, 내 상황에 전혀 공감해주지 않았다(나는 다음 날 비행기를 타고 가야 하는 결혼식에 필요한 물건을 주문했었다). 그 직원은 처음엔 내가 주문 양식을 제대로 쓰지 않았다고 비난하더니, 나중에는 전략을 바꿔 다른 주문 건들을 처리하느라 너무 바빴다는 핑계를 댔다. 내 이메일에 한 번도 답장하지 않은 것은 잘못이 아니며, 오히려 내가 너무 많은 주문을 처리하느라 정신이 없는 자기 상황을 이해해줘야 한다는 식이었다. 물건 자체는 마음에 들었다. 하지만 전화와 이메일로 담당 직원과 나눈 대화를 고려하면, 다시 그 회사에서 물건을 살 일은 없을 것이다. 소비 욕구가 없어지기만 한 것이 아니라, 한술 더 떠 친구들에게뿐 아니라 SNS에서도 불만 사항을 이야기하고 싶었다.

이런 사태를 방지하기 위해 공감 능력을 '보여줄 수 있는' 매뉴얼을 미리 준비해놓으면 기업에 큰 도움이 될 것이다. 매뉴얼은 직원들에게 적절한 표현과 의사결정 트리decision tree를 제시해준다. 이때는 고객들이 종종 표면상의 응대 뒤에 놓인 상황까지 들여다보곤 한다는 점에 주의해야 한다. 문제가 제대로 처리되지 않거나 진심 어린 태도가 느껴지지 않는 상황에서는 매뉴얼대로 하는 행동이 오히려 고객의 화를 돋우기도 한다.

'공감의 의미'에서 이야기했듯이 인간의 공감 능력은 타고나는 것이다. 동시에 학습하거나 키울 수 있는 것이기도 하다. 그러므로 이미 우리에게 주어져 있는 공감 능력이 부족한 것처럼 보이는 사람들은 단지 공감 근육을 쓸 기회를 별로 갖지 못했거나 공감하는 기술을 배우지 못했을 뿐이다. 하지만 이미 공감 능력을 갖추고 온정을 베풀줄 아는 사람들을 고용하는 것이 훨씬 쉬운 길이다. 그렇다면 고객을 직접 응대하는 직원을 뽑을 때 공감 능력이 뛰어난 사람을 어떻게 구별해낼 수 있을까?

샐리 호그셰드Sally Hogshead는 《뉴욕타임스》 선정 베스트셀러 『세상을 설득하는 매혹의 법칙: 당신의 브랜드를 거부할 수 없게 만드는 힘Fascinate: How to Make Your Brand Impossible to Resist』과 『당신을 보는 세상의 관점How the World Sees You』 등 두 권의 책을 쓴 매혹 법칙의 전문가다. 그녀는 하우투패시네이트How to Fascinate의 CEO로, 사람들이 더 많은 고객을 유치하고 자기 분야에서 더 높은 평가를 받을 수 있도록 일과 삶에서 자신이 지닌 최고의 가치를 찾는 일을 도와주고 있다. 42가지의 각기 다른 성격의 원형 중 내가 어디에 속하는지 파악하게 해주는 '매혹 장점 평가Fascination Advantage Assessment'를 통해 호그셰드는 나 자신이 세상을 보는 관점이 아닌 세상이 나를 보는 관점을 알려준다. 이 검사는 내게 가장 잘 맞는 직무와 역할, 동기부여 요소, 의사소통 패턴이 무엇인지도 파악하게 해준다. 호그셰드는 각 성격의 원형에 속하는 전문가 100만 명 이상의 데이터를 연구, 분석하여 이 평가 방법을 고안해냈다.

호그셰드의 추가 연구에 따르면, 선천적으로 말을 잘하는 사람들이 이상적인 고객 서비스 직원이 된다. "최일선에서 고객을 응대하고 사람들과 항상 부대끼는 일은 붙임성 있게 대화를 잘 이끌어가는 사람들에게는 식은 죽 먹기죠." 그녀는 고객 서비스 직무 지원자가 팀원들과 함께 일하는 것을 즐기고 적극적으로 참여하는 사람인지 알 수 있는 질문을 던지거나 평판 조회를 해보라고 조언한다. 감성 지능이 뛰어난 사람들은 배려심, 주의력, 헌신 등으로 공감을 표한다.

논리적이고 분석적인 사람의 경우, 마음의 벽을 낮추고 다른 사람들에게 관심을 기울일 때 더 큰 성공을 이룰 수 있다는 사실을 깨달으면 대개 그렇게 변하려고 한다. 이들에게 타인의 입장을 헤아리고 공감을 실천하는 방법을 차근차근 일러준다면 공감 능력을 타고난 사람들보다 훨씬 더 고마워할 것이다. 호그셰드는 이렇게 말한다. "분석적이고 체계적이며 논리적인 성격은 공감 능력이 떨어지는 것처럼 보일 수 있습니다. 이런 사람들은 심리적 방어벽 너머로 타인과 감정을 공유하는 일을 꺼리기 때문이죠. 공감 능력은 어느 정도 친밀함과 세심함이 뒷받침돼야 합니다. 하지만 누구나 공감 능력을 개발해 타인과 유대감을 강화하고 끈끈한 관계를 맺을 수 있습니다." 매뉴얼과 의사결정 트리는 공감 근육이 덜 발달한 이런 사람들에게 적절한 언어와 행동이 무엇인지 알려준다. 이를 통해 그들은 완전히 다른 사람이 될 수도 있다.

현장에서 발생할 수 있는 까다롭고 별나고 감정적으로 격해지는 모든 상황에 일일이 대응 가능한 직원을 찾기란 사실상 불가능하다. 하지만 상황을 잘 판단하고 그에 맞춰 대응할 수 있는 사람들을 찾아내 그들에게 고객 응대와 관련된 정책 권한을 부여한다면, 기업은 훨씬 질 좋은 서비스를 제공할 수 있다. 공감 능력을 타고난 사람들을 고용하는 동시에 유연한 정책을 펼친다면 큰 효과를 발휘할 수 있는 것이다. 면접 시 지원자들에게 여러 가지 상황을 가정하는 질문을 던지거나 역할극을 진행하는 방법을 써보라. 이를 통해 이러한 자질을 갖춘 사람들을 선별할 수 있을 것이다.

몇 년 전, 경영자 과정 수업에서 한 여성이 자신이 죽을 때까지 아메리칸 엑스프레스American Express 신용 카드만 쓰겠다고 결심하게 된 이유에 대해 이야기해준 적이 있다. 그녀는 남편이 세상을 떠난 뒤 그의 신용 카드를 해지하려고 아메리칸 엑스프레스 고객센터에 전화를 걸었다. 고객센터 직원은 깊은 위로의 인사를 건넸다. 그녀의 이야기에 공감해주었을 뿐 아니라 그녀가 남편의 은행 계좌를 정리할 수 있도록 도와주었다. 더 나아가, 모든 절차가 잘 마무리되었다고 안심시켜주기까지 했다. 그녀는 고객센터 직원의 너무나도 친절하고 진심 어린 태도에 감동하여, 어려운 시기를 겪고 있는 자신에게 그 회사(그 순간 그녀에게는 고객센터 직원이 곧 회사였다)가 보여준 배려를 절대 잊지 못했다. 그 직원의 행동은 대본에서 나온 것이 아니었다. 그는 매 순간 고객에게 공감을 베풀 수 있는 적절한 도구와 권한을 가지고 있었기에 이렇게 행동할 수 있었다.

마케팅과 고객 서비스 부문 컨설턴트 제이 배어 또한 '상황에 따른 공감 능력' 발휘의 훌륭한 예시로서 자신의 경험담을 들려주었다. "작년에 저와 아내는 호주 여행을 갔었습니다. 우리는 디트로이트에서 로스앤젤레스를 경유해 시드니로 가려 했죠. 출장 시에 델타Delta 항공을 자주 이용하니까 이번에도 델타 항공을 선택했고, 우리 부부는 거의 첫 번째로 비행기에 탑승했습니다. 게이트 직원이 제 탑승권을 훑고 예약 등급표를 보더니, 이렇게 말하더군요. '다이아몬드 회원이시군요. 항상 저희 항공사를 이용해주셔서 감사합니다, 고객님.' 그러고 나서 제 아내의 탑승권을 본 직원은 아무런 등급 표시가 없다는 것을 알았죠. 아내는 실버 등급이 될까 말까였고 그마저도 아니었을지 모릅니다. 그 순간 직원은 상황 파악을 마치고 머릿속 계산기를 두드린 다음, 아내의 눈을 바라보며 말했습니다. '고객님, 남편께서 저희 델타 항공을 많이 이용할 수 있도록 해주셔서 감사합니다. 남편께서 출장을 자주 다니시는 것 같은데, 가정에 부담이 되시겠어요. 회사를 대표해 제가 감사 인사를 드립니다.'"

배어가 이야기를 이어나갔다. "그 말로 분위기는 완전히 반전되었죠. 공감 능력에 관한 중요한 사실은, 상황에 적절히 대처하면서 공감을 표현하려면 권한이 필요하다는 겁니다. 공감을 표현하는 완벽한 대본 같은 건 없으니까요."

정곡을 찌르는 말이다. 고객 서비스에서 공감 능력은 곧 상황을 정확하게 파악하는 능력이다. 고객을 응대하는 직원들은 자기 앞에 펼쳐진 상황의 성격과 원인을 파악할 수 있어야 한다. 그다음 그에 맞게 행동해야 한다. 그리고 배어가 강조한 것처럼, 직원들에게 그렇게 할 수 있는 권한이 주어져야 한다. 유연한 정책으로 직원들에게 힘을 실어줘야 하는 것이다. 상황에 자유롭게 대처할 수 있는 권한이 주어져야 직원들은 마음에서 우러나오는 진솔한 반응을 보일 수 있다.

이와 같이 상황에 따른 공감 능력은 매뉴얼로 해결될 일이 아니다. 매뉴얼에 따라 시도한다 해도 결코 진정성 있는 모습으로 보이지는 않을 것이다.

4. 올바른 고객 서비스 정책의 시행

오늘날 기술 발전과 투명성을 강조하는 분위기로 일선의 직원들과 고객들과의 거리는 그 어느 때보다 가깝다. 이로써 직원들은 각각의 특수한 상황에 맞춰 현장에서 즉시 문제를 해결할 수 있는 권한을 필요로 하게 되었다. 이 주제는 고용 문제를 넘어서 정책과 의사결정 문제로 이어진다. 직원들이 고객에게 최선이 되는 방향으로 문제를 해결할 수 있는 권한을 가지고 있는가? 자기 회사와 관련한 고객의 경험과 그들의 궁극적인 목적을 잘 이해하고 있는가? 그리고 그 모든 것이 회사의 미션과 관련되어 있다는 사실을 인지하고 있는가?

고객 서비스 담당 직원은 지금 자기 앞에 있는 고객의 요구 사항에 그치지 않고 전체 고객의 니즈를 폭넓게 이해해야 한다. 또한 회사가 성취하고자 하는 목표와 더불어 회사의 미션과 고객 지원의 연관성을 인지하며 고객을 응대할 수 있어야 한다. 이런 일이 가능하려면 의사결정 과정, 기술, 정책이 결합하여, 총체적인 공감의 관점을 갖출 수 있도록 고객 서비스 담당자를 지원해주어야 하는 것이다.

앞서 언급한 컬처랩스의 공동 창립자 조쉬 레빈 역시 이에 동의한다. "고객에게 이익이 되는 것이 무엇인지 이해하면 최종 목표에 더 가까이 다가가게 되고, 목표를 달성하기 위해 더 열심히 일하게 됩니다. 기업 규모에 따라 직원들은 고객과 멀리 떨어져 있을 수 있습니다. 하지만 SNS와 인터넷의 힘으로 충분히 그 거리를 좁힐 수 있어요. 인터넷 덕분에 점점 더 많은 고객이 한때는 베일에 가려 있던 기업의 적나라한 모습을 보고 직접적으로 응원이나 불만의 목소리를 내고 있습니다. 이건 기업에도 기회가 될 수 있어요. 직원들이 고객과의 온라인 소통으로 큰 이익을 낼 수 있으니까요."

고객 서비스 정책은 주로 돈을 제때 내지 않거나 낸 돈보다 더 많은 이익을 얻으려 거짓말을 하는 등 회사를 등쳐먹으려는 불량 고객들에 대처하는 내용이다. 직원에 대한 정책 역시 신뢰가 부족하거나 부적절한 사람을 채용하는 경우에 대비하여 일선에서 일하는 직원들을 통제하려는 내용이다. 이와 같은 엄격한 정책을 고수하면 채용심사에 심혈을 기울이고 교육 프로그램에 투자하지 않고 무능력한 사람들을 고용하기 쉬워진다. '상황에 맞는' 공감 능력을 발휘할 수 있는 여지도 없는 데다 관리자 결재를 이중삼중으로 받아야 하는 식으로 고객 서비스 담당 직원의 손을 모조리 묶어버리는 꽉 막힌 정책을 만들면 기업이 비용과 결과를 통제하는 데 더 유리할까? 확실히 통제하기는 쉬울 것이다. 하지만 어느 날 눈을 떠보면 수많은 성난 고객을 마주하게 될 것이다(혹은 아예 고객들이 떠나버릴지도 모른다). 그리고 이들은 불쾌한 경험을 주변 지인들과 공유할 것이다.

공감을 실천하려면 단순히 훌륭한 자격 요건을 갖춘 사람들을 고용하는 것 이상의 노력이 필요하다. 시스템, 기술, 내부 절차를 갖추어, 상담 직원들이 고객과 상담하는 그 순간 최선을 다해 고객의 니즈를 충족시킬 수 있게 해주어야 하는 것이다. 다시 말해, 항상 최고의 고객들을 맞고 있다는 가정하에 정책을 수립해 충성 고객이 강요나 불편, 불친절을 느끼지 않도록 해야 한다. 우수 고객에게 공감 능력이 뛰어나고 이해심이 많은 브랜드로 기억되고 싶다면 일부 '진상 고객'으로 인한 피해는 감내할 수 있어야 한다는 얘기다.

아마존Amazon은 거대한 사업 규모에도 고객 서비스 평가 점수가 대부분 높다. 그 이유는 매끄러운 구매 경험을 제공하는 정책과 절차가 갖춰져 있기 때문이다. 아마존은 사람들이 온라인 쇼핑을 기피하는 원인을 파악한 뒤, 모든 장애물을 제거하는 방식으로 문제를 해결하고 있다. 원클릭 구매 기능부터 배송지 주소 저장, 이틀 안에 무료로 배송해주는 아마존 프라임 서비스, 식료품 배송, 스트리밍 서비스, 무료 반품 정책에 이르는 다양한 방법으로 고객이 겪게 될지도 모르는 모든 불편 사항을 사전에 차단한다.

이 정도로 규모가 큰 기업에서 고객 서비스 업무를 담당하는 건 악몽과 같은 일일 것이라고 생각할 수 있겠지만, 실은 놀라울 정도로 쉽다. 아마존 상담원들은 그 자리에서 전액 환불을 해주거나, 다음번 구매 시 할인 혜택 또는 프라임 서비스 무료체험 혜택 등을 제공할 수 있다. 관리자의 승인을 받아야 할 필요도, 고객을 다른 부서로 연결해줘야 할 필요도 없다. 한 사람의 고객으로서 개인적인 경험담을 말하자면, 나는 전화나 채팅, 이메일로 즉시 담당자와 연락할 수 있었으며, 몇 초 내로 담당자가 다시 전화를 걸어준 적도 있다.

아마존의 상담 직원들에게는 고객 만족을 실현할 수 있는 권한이 있으며, 이는 회사가 만든 정책 덕분이다. 이와 같이 공감형 브랜드를 키우고 싶은 기업은 모든 소통 과정에서 고객에 공감할 수 있는 고객 서비스 정책을 채택해야 한다. 어떠한 고객도 "저는 이 문제를 처리할 권한이 없습니다" 또는 "불편을 끼쳐 죄송하지만, 저희 방침상 문제를 해결해드리기 어렵습니다"와 같은 대답을 듣고 싶어 하지 않는다. 이렇게나 기술이 발달한 시대에 내가 들었던 최악의 변명은 "죄송합니다만, 해당 정보가 다른 컴퓨터 시스템에 있어 제가 확인할 수가 없네요. 관련 부서로 연결해드리겠습니다"였다. 이 기업은 돈 몇 푼을 아끼려고 시스템을 통합하지 않은 것이다. 기업과 고객 양쪽의 편의를 위해서 시스템은 통합해야 한다.

고객의 불편을 알고도 비용 절감을 위해 기존 방식을 고수하는 것은 공감이 아니다. 그것은 인색함이며, 브랜드에 아무런 도움이 되지 않는 태도다. 공감하는 태도는 기업의 정책을 바꿀 수 있으며, 바꿔야 한다. 기업이 고객의 입장에 서본다면 그런 불편을 못 본 체할 수 없을 것이다. 그리고 반드시 개선 조치를 취할 것이다.

라운드 테이블 컴퍼니의 창립자이자 CEO인 코리 블레이크도 이에 동의한다. 라운드 테이블 컴퍼니는 기업들과 리더들이 스토리텔링을 통해 자신들의 목적을 세상에 널리 알릴 수 있게 도와준다. 대필 기업으로 시작한 이 회사는 현재 도서, 설치 미술, 다큐멘터리 등을 포함한 각종 미디어를 제작하고 있다. 블레이크와 직원들은 주로 책을 집필하고 출판하는 과정에서 작가들을 보조하는 업무를 맡는다. 작가들이 공유하는 이야기는 대개 개인적인 내용이며 정체성의 일부분이기도 하다. 따라서 이야기를 공유하는 일이 작가들에게는 발가벗은 몸을 남에게 보여주는 느낌을 줄 수 있다. 이를 인지한 라운드 테이블 컴퍼니는 고객들에게 더 나은 서비스를 제공하고자 업무처리 방식뿐 아니라 핵심 목표까지 바꿨다.

블레이크는 이렇게 말한다. "처음에는 대필업으로 사업을 시작했습니다. 하지만 대필에는 진정성이 부족하다는 문제가 있었죠. 그게 항상 걸렸습니다. 저희는 아직도 그 경계에 있습니다. 최소 1년, 때에 따라서는 15개월이 걸리는 집필 과정을 고객과 함께하다 보면 문제가 생길 수밖에 없어요. 이는 서로 간에 신뢰가 꼭 필요하다는 뜻입니다. 그래서 고객에게 무언가 요구할 것이 있을 때, 우리는 모든 시스템과 절차를 살피며 스스로에게 먼저 다음과 같은 질문을 했지요.

'이것은 신뢰도를 높이는 일인가 낮추는 일인가?'"

각 절차가 신뢰도에 어떤 영향을 미치는지 자문한 결과, 블레이크와 직원들은 고객의 니즈에 더 잘 부합할 수 있게 회사 정책을 다시 수립할 수 있었다. 고객들은 복잡한 의미와 감정으로 가득 찬 생각을 정돈된 글로 표현할 수 있게 도와주는 편집자 등의 직원들을 절대적으로 신뢰해야 한다. "저희에 대한 믿음이 쌓일수록 고객들이 전에는 말하길 꺼렸던 이야기들을 속 시원하게 털어놓으려 하더군요. 바로 거기에 흥미진진하고 과감하며, 신선하고 사람을 빠져들게 만드는 소재가 숨어 있습니다."

고객 서비스 정책, 절차 및 기술 등을 점검하고 조정하여 고객에게 공감형 브랜드라는 인식을 심어줄 방법을 찾고 있는가? 다음 방법부터 시도해보자.

• 큰 그림을 제시하라

고객의 총체적 경험과 그 여정에서 직원들이 해야 하는 역할에 대해 적절한 교육을 실시하라. 직원들의 '작은' 역할에 대한 교육을 하라는 것이 아니다. 거시적인 관점으로, 고객의 총체적 경험에서 주요 요소가 되는 자신들의 '큰' 역할을 이해할 수 있게 해야 한다. 이는 직원들이 고객의 유입과 이탈 방향을 파악하는 데 도움이 된다.

• 일선 직원들에게 권한을 위임하라

고객 서비스 담당 직원들에게 필요한 모든 정보를 제공해서, 현장에서 발생하는 대부분의 문제를 그들 선에서 처리할 수 있도록 하라. 경비와 관련된 결정권을 주어 무료 반품이나 할인, 보너스 상품 제공 등에 대해 상황에 따라 유연하게 판단할 수 있게 해주어도 좋다. 또 기술적 지원을 통해, 직원이 현장의 고객이 요청하는 정보를 바로바로 열람할 수 있도록 고객 정보 시스템을 통합할 것을 권한다.

• **고객에게 방해가 되는 것들은 모두 제거하라**

모든 절차와 상황을 고객의 시각에서 점검하고 그 속에 있는 결함, 불편 사항, 장애물 등을 찾아내라. 이것이 앞서 언급한 사용자 중심 디자인이다. 이 과정은 일을 서둘러서 처리하느라 빼먹기 일쑤다. 하지만 직접 자기 제품을 경험해보지 않고서는 절대 공감형 브랜드를 만들 수 없다. 문제가 발견되면 그 문제를 해결할 명확한 해결책을 만들어야 한다.

• **고객에게 합리적인 방식으로 피드백을 요청하라**

자동 설문조사는 대개 유의미한 대답이 불가능한 유도 질문을 한다. 대부분 방금 응대한 직원이 어땠는지 물어볼 뿐, 그간 겪어온 답답한 여러 직원에 대해서는 신경 쓰지 않는다. 아무런 문맥도 없이 문제가 해결되었는지만 묻기도 한다. 직원이 아무리 최선을 다해 고객에게 도움을 준다고 해도 기업 정책이 그의 손을 묶어놓고 있으면, 설문조사에서 항상 문제가 제대로 해결되지 않았다는 대답을 얻게 될 것이다. 이는 직원의 잘못이 아니다. 또 문제 자체가 해결되었을 때라도, 고객과 상담원의 답답한 대화가 되풀이되는 것을 막으려면 절차상의 변화가 필요할 수 있다. 이 주제는 고객의 피드백을 수용하는 방법을 다룬 다음 전략에서 더 자세히 살펴보자.

- **고객에게 요청한 피드백을 활용하라**

  고객의 피드백을 활용해 정책 혹은 절차에 변화를 줄 생각이 없다면, 설문
  조사를 할 필요가 없다. 형식적인 절차는 모두의 시간과 에너지를 낭비할
  뿐이고 누구에게도 도움이 되지 않는다. 그리고 고객이 이를 알아차린다면
  오히려 부작용만 초래할 것이다.

- **선한 의도를 가져라**

  고객들과 직원들을 윤리적이고 정직한 사람들이라고 믿고 이런 신뢰가 담
  긴 정책과 절차를 만들어라. 일부 고객이 관대한 정책을 악용할 수도 있지
  만, 그들은 극소수에 불과하다. 이 부분도 사업 비용으로 간주하자. 그렇지
  않으면 나머지 모든 고객을 잃을지도 모르는 위험을 감수해야 할 것이다.

5. 피드백을 환영하기

공감형 브랜드의 기본 자세는 고객의 이야기에 귀 기울이는 것이다.
이메일 문의에 답장을 주지 않거나, 트위터에 쓴 불만 사항을 무시하
거나, 평이 안 좋은 인터넷 후기를 받아들이지 않으려는 기업들을 많
이 보았을 것이다. 이런 경우를 목격하거나 직접 경험한 사람은 수도
없이 많다.

불만을 표하는 사람들의 99퍼센트는 진상 고객이 아니다. 자신의

이야기를 들어주길 원하는 소비자일 뿐이다. 하지만 많은 기업이 고객이 공개적으로 혹은 개인적으로 표출한 불만을 무시하는 위험한 짓을 한다.

기업은 어떤 종류의 피드백도 두려워하지 않아야 한다. 가장 부정적인 내용을 담고 있다 할지라도 변화의 촉매제로 사용할 수 있다. 마천루에서 내려와 고객의 경험을 직접 듣고 그들의 시선에서 중요한 문제가 무엇인지 파악하라. 한 번 항의를 받을 때마다, 불만을 토로하지 않았을 뿐 똑같은 문제를 겪고 있는 수백 혹은 수천 명의 사람들이 있다고 생각해야 한다. 그들은 경쟁사로 떠나가 버릴 것이다. 그 전에 불평이 담긴 부정적인 평가, 포스팅, 이메일을 표적 집단 자료를 수집하는 수단으로 활용하라. 무료일 뿐만 아니라 내용도 전문 조사 기관의 평가보다 훨씬 더 정확할 수 있다.

고객 서비스 및 마케팅 컨설턴트 제이 배어는 베스트셀러 저서 『안티를 포용하라 Hug Your Haters』에서, 고객과 제대로 된 소통을 하려면 피드백을 수집한 뒤 (다른 플랫폼으로 고객을 유도해 소통하기보다는) 고객이 이용한 바로 그 플랫폼에서 대응할 수 있는 여러 가지 수단을 마련해야 한다고 말한다. 예를 들어, 고객이 트위터에 제품과 관련된 글을 남겼다면 홈페이지나 전화를 통해 응대를 하는 대신 트위터로 답변을 하는 것이 좋다. 고객이 선택한 플랫폼이 곧 고객이 선호하는 플랫폼이다. 오늘날 고객들은 여러 채널을 이용하므로, 원활한 소통을 위해 다양한 고객 서비스 체계를 갖춰야 한다. 이때는 실시간 소통이 가능한 시스템을 구축하도록 한다. 모든 걸 녹음된 기계음이 처리한다면 고객들은 굉장히 답답해할 뿐 아니라 그 기업의 브랜드 이용을 꺼리게 될 것이다.

배어는 'BEET 프레젠테이션'에서 부정적인 피드백에 대응하는 고객 서비스 전략의 대조적인 사례들을 소개했다(BEET는 'Be Empathetic Every Time'의 두문자어로, '매 순간 공감하자'라는 뜻이다). 카지노 두 곳이 페이스북Facebook을 통해 매우 부정적인 피드백을 받았다. 한 카지노는 공감을 표시하며 고객의 불만을 잠재웠다. 다른 카지노는 피드백을 완전히 무시했다. 그 결과, 후자는 해당 고객을 잃었을 뿐 아니라, 그 게시물을 읽고 회사가 적절한 대처를 하지 않았다는 것을 지켜본 수많은 잠재 고객을 잃어버릴 위험에 처하게 됐다. 이처럼 대조적인 상황을 이야기하며, 배어는 조금만 공감을 표시하는 것으로도 고객이 상황을 인지하는 태도를 완전히 바꿔놓을 수 있다고 지적한다. 동시에, 공개적으로 이루어지는 이런 상호작용을 지켜보는 수많은 잠재 고객에게 긍정적인 인상을 남길 수도 있다. 배어는 이렇게 말한다. "이는 단순히 일대일 개인 차원에서 이뤄지는 공감이 아닙니다. 작은 집단 혹은 큰 집단 차원에서 이뤄지는 공감이지요. 기존의 공감과는 상당히 다른 유형의 가치 제안Value Proposition(기업이 상품이나 서비스를 통해 고객에게 제공하기로 약속한 가치-옮긴이)으로, 개인적으로는 아주 흥미롭게 생각하고 있습니다."

커비요가 창립자 안나 게스트-젤리는 공감형 브랜드가 고객과 대화를 주고받게 해준다고 생각한다. 기업이 고객의 요구에 계속 'No'라고 말하거나, 더 심한 경우 갈등을 피하고 싶어 불만 사항을 아예 무시하는 경우도 있다. 이런 기업은 고객 서비스를 제대로 시행하고 있는 것이 아니다. 그들의 행동은 고객을 존중하지 않는다는 인상을 남긴다. 때로 고객은 그저 자기 이야기를 들어주길 바랄 때도 있다는 사실을 기억해야 한다.

물론 모든 요구 사항에 'Yes'라고 말하라는 뜻이 아니다. 다시 강조하지만, 그건 굴복이지 공감이 아니다. 하지만 기본적으로 기업은 고객이 피드백을 전달할 수 있는 시스템을 갖추어야 한다. 또 고객 서비스 담당 직원이 고객 의견을 받아들여 실질적인 조치를 취한 후, 고객에게 다시 피드백을 줄 수 있는 절차도 함께 마련해야 한다. 보통 고객이 피드백을 전달하는 경우는 있어도, 직원이 다시 고객에게 처리 결과를 알려주는 경우는 드물다. 하지만 이것도 큰 문제가 될 수 있다. 고객이 무시당했다고 느낄 수 있기 때문이다.

게스트-젤리는 이에 대해 이렇게 말한다. "공감형 브랜드로 자리 잡고 싶다면, 무엇보다 고객에게 진심으로 공감하고 싶다면, 고객 스스로 기업과 파트너십을 맺고 있다고 느끼도록 해줄 환경을 만들어야 합니다. 그리고 고객의 편에 서서 진심으로 고객을 최우선으로 둬야 합니다."

6. 고객과 친밀감 형성하기

수익이 10만 달러든 10억 달러든 규모에 관계없이 기업은 고객과 친밀감을 형성할 수 있는 무수히 많은 기회를 갖게 된다. 하지만 고객과 직접 소통하는 직원은 소수의 몇 사람 혹은 몇 집단이 된다. 그 사람들에게 적절한 보상을 해주고, 서비스에 더 신경을 쓸 수 있는 시간을 마련해주어라. 그러면 당신의 고객들은 이해와 존중, 사랑을 느끼게 될 것이다.

알렉산드라 프란젠Alexandra Franzen은 작가이자 글쓰기 강사로, 글쓰기 캠프를 운영하며 강의를 한다. 또 여성 기업가들을 대상으로 개인적인 카피라이팅 컨설팅을 진행하기도 한다. 그녀의 고객들은 컨설턴트부터 피트니스 전문가, 기술 전문가, 유기농 농산물 재배자까지 다양한 직업과 업종을 넘나든다. 그들을 하나로 묶어주는 주된 요소는 세상에 기여하고 싶다는 열망이다. 그들은 당연히 돈을 벌고 가족과 생계를 책임지는 데 가장 많이 신경을 쓴다. 하지만 세상을 더 나은 곳으로 만드는 일에도 동참하고 싶어 한다.

프란젠은 글쓰기 워크숍을 진행하는 동시에 꾸준히 책 판매 수익을 올리고 있으며, 길게는 1년 전부터 고객을 미리 확보한다. 그녀의 성공에 대해 더 이야기하자면, 그녀가 발행하는 이메일 뉴스레터 구독자 수는 1만 3000명에 달하며 현재에도 계속 증가하고 있다. 즉, 프란젠에게는 활동을 지지하고 작품을 구매하는 충성 고객이 있는 것이다. 뉴스레터의 구독자는 무려 30~50퍼센트가 그녀의 이메일을 열어본다고 하는데, 이는 업계 평균을 훨씬 웃도는 수치로 전례가 없는 일이다(고객들이 얼마나 그녀의 글을 좋아하는지 알 수 있다). 그녀는 월평균 5만 명에서 7만 명의 사람들이 방문하는 블로그에 자유롭게 글쓰기 팁이나 자료, 영감 등을 공유하고 있다.

일인 사업자 프란젠의 놀라운 성공의 핵심은 팬들과 고객들을 향한 공감 철학에 있다. "이메일을 보내고 나면 수많은 답장을 받습니다. 사람들이 본인의 생각과 느낌을 공유하거나 감사 인사를 보내오죠. 항상 가능한 건 아니지만, 저는 할 수 있는 한 모든 이에게 답장을 하려 노력합니다. 설령 '제 글을 읽어주셔서 감사합니다'라는 한마디만 할지라도 제 커뮤니티에 속한 모든 개개인을 '한 명의 사람'으로 대하려 해요."

프란젠이 공감을 실천하는 또 다른 방법은 매주 별도로 시간을 내 개인 고객에게 추가 안부 인사를 건네는 것이다. 얼마 남지 않은 중요한 프로젝트 마감일을 확인시켜주거나 고객들의 개인적인 일에 대해 언급해주기도 한다. 일례로, 이제 막 엄마가 된 한 고객은 사업가로 활동하며 엄마라는 새로운 역할에 적응하느라 진땀을 빼고 있었다. 프란젠은 현재 그녀가 진행하는 프로젝트에 대한 언급은 일절 하지 않고, 엄마가 된 그녀가 무척 자랑스러우며 딸아이가 커서 엄마의 강인하고 창의적인 모습을 보게 되면 아주 뿌듯해할 것이라는 이야기만 전했다. 그 고객은 누군가 자신을 생각하고 있다는 사실에 무척 감동했다.

프란젠이 쌓아온 친밀감은 글쓰기 캠프 수강료 인상이라는 형태로 돌아왔다. 그녀는 이렇게 말했다. "전 수익률과 공감 능력 사이에 연관성이 있다고 믿어요. 끝에 가서는 모든 고객이 '당신이 나를 제대로 이해하고 있는지' 알고 싶어 하거든요." 그녀는 글쓰기 캠프의 참가자들에게 환영 편지를 써준다. 또 한 사람씩 집으로 가져갈 맞춤형 감사 선물을 고르게 하고 그때를 이용해 참가자들과 일대일로 시간을 보내려 노력한다. 단지 사랑과 친절을 베풀고 싶어 이 모든 일을 하는 것이다. 그럼에도 거의 절반에 가까운 고객들이 캠프가 미처 끝나기도 전에 다음 캠프 예약금을 지불한다.

프란젠의 사업은 규모가 작아서 쉽게 고객과 친밀감을 쌓을 수 있는 것이라고 생각할 수도 있겠지만, 공감하려는 마음만 있다면 대형 조직도 얼마든지 그렇게 할 수 있다.

웨지우드 파머시 Wedgewood Pharmacy는 동물 의약품 시장을 선도하는 제약 회사로, 반려동물을 키우는 사람과 수의사에게 다양한 동물 의약품을 제공하고 있다. 1980년에 설립된 웨지우드 파머시는 조그마한 동네 제약 회사로 시작해 현재는 미국 전역에서 매년 5만 명이 넘는 고객에게 의약품을 팔고 있다. 이 회사의 고객 관리 담당자들은 20여 년 전부터 반려동물을 잃은 고객들에게 손으로 쓴 조의 카드를 보내기 시작했는데, 이는 그들에게 깊은 인상을 남겼다. 웨지우드 파머시의 영업 및 마케팅 부사장 대니얼 로원 Daniel Rowan은 이렇게 말한다. "대화를 나누다 이 아이디어가 나왔죠. 직원들도 반려동물을 키우고 있어서 그런지, 아픈 동물에 관한 이야기가 나올 때마다 모두 쉽게 공감할 수 있었습니다. 일반적으로 저희가 상대하는 동물은 건강하지 않기 때문이죠. 반려동물이 죽었다고 부고를 받는 사람은 없습니다. 하지만 저희는 매월 약품을 재조제하기 때문에 고객의 수의사보다 반려동물이 세상을 떠난 사실을 더 빨리 알게 될 때가 있어요."

효과는 엄청났다. 고객들은 자신의 반려동물에게 정말 많은 도움이 되었다며 감사를 표하는 답장을 보내왔다. 웨지우드 파머시의 약으로 반려동물과 함께 몇 년간 더 행복한 시간을 보낼 수 있었다는 것이다. 로원이 이어서 설명했다. "공감 능력이 뛰어난 사람들을 채용한 덕분에 카드 쓰기와 같은 아름다운 전통이 생겨날 수 있었죠. 지금은 회사를 대표하는 서비스가 되었고요. 반려동물 산업 박람회 장에서 수의사들이나 그 외 업계 관련자들을 만나면 대부분 '웨지우드 제품 약효가 너무 좋습니다'라고 말합니다. 우리 회사의 이름을 기억하는 거예요. 그리고 우리가 보낸 카드가 자기들에게 정말 큰 의미가 되었다고 이야기하곤 합니다. 이는 앞으로 고객 충성도와 신뢰를 쌓는 데 도움이 될 것입니다."

반려동물을 키우는 사람들은 어떨까? 나를 포함한 많은 사람이 반려동물 약을 파는 약국 이름은 기억 못 해도, 웨지우드 파머시의 이름은 계속 기억하게 될 것이다. 이 회사가 받은 수많은 이메일 중 하나를 살펴보자. 고객이 쓴 글 그대로다.

샘은 일반적인 수준 이상의 고객 서비스를 보여줬습니다. 그녀가 이 일을 얼마나 사랑하는지 다 드러나더군요. 통화 내내 샘의 웃음소리를 들을 수 있었으니까요. 힘든 시간을 견디는 동안 샘은 제게 신선한 공기 같은 존재가 돼주었어요. 담당 수의사에게 웨지우드 파머시의 의약품이 얼마나 훌륭하고 효과가 좋은지 이야기해두겠습니다.

조직 구성원들이 자발적으로 이런 활동을 시작하자, 웨지우드 파머시는 어떤 고객도 누락시키지 않도록 시스템을 체계화했다. 조의 카드 쓰기는 신규 직원 교육 프로그램에 포함되었고, 고객 서비스 담당 직원들은 인간미 없는 이메일이 아닌 종이 편지를 계속 전달하기 위해 마케팅 부서와 협업하고 있다.

지금껏 살펴봤듯이 친밀한 관계는 크게 특별한 노력을 기울이지 않아도 형성할 수 있지만, 고객들에게는 무척이나 소중하고 특별한 경험이 된다. 크리스터스 헬스의 리사 레이놀즈의 말에 따르면, 회사가 운영하는 병원의 간호사들은 교대 근무를 할 때 여타 다른 병원의 간호사들처럼 환자가 볼 수 없는 곳에서 상의하지 않고 환자 옆에서 업무 보고를 한다. 간호사들이 이렇게 하는 이유는 환자를 대화에 참여시키고 환자가 하는 걱정에 공감하기 위해서다. "이렇게 하면 환자들은 존엄성과 통제력을 되찾을 수 있습니다. 심신이 미약해진 환자들에게 이는 굉장히 중요한 문제예요."

기업 규모와 상관없이, 고객과 직접 대면하는 직원들뿐 아니라 그런 부서에 근무하지 않는 직원들에게도, 창의적 사고력과 공감 능력을 키워줄 기회는 얼마든지 제공할 수 있다. 지금부터 손쉽게 따라 할 수 있는 방법들을 설명하려 한다. 이 중 하나라도 직접 해볼 의지가 있다면, 꾸준히 실천해 고객들로부터 좋은 평가와 인정을 받도록 하자. 이런 노력은 자연스럽게 고객 경험의 한 부분으로 자리 잡을 것이다.

- **고객에게 감사 편지 쓰는 날을 지정하라**

    위에서부터 아래까지 조직 내 모든 구성원을 참여시켜 선별된 고객에게 짧지만 감동적인 맞춤형 감사 편지 혹은 이메일을 보내자. 부서별로 매월 돌아가면서 일을 맡게 한 후 수고한 직원들에게 출장 뷔페 점심이나 오후 반차로 보상해주는 것도 좋은 방법이다.

- **고객 만족도 향상을 위한 예산을 따로 편성하라**

    회계 담당 직원이나 고객 서비스 직원에게 감사 편지나 고객 선물에 재량껏 쓸 수 있는 자금을 지원하여, 고객에게 진심으로 관심을 기울이고 있다는 것을 어필할 수 있다. 고객 선물로는 카페 쿠폰, 쿠키와 같은 간식, 흥미로운 책 등 여러 가지를 선택할 수 있을 것이다. 정말 창의적이고 기억에 남는 선물을 하고 싶다면, 준비된 식사를 배달해주거나 클리닝 혹은 가드닝 서비스 상품권을 증정해보라.

- **성공을 부르는 쉽고 간단한 행동을 장려하라**

    예상치 못한 감사 이메일이나 따뜻한 문자 혹은 음성 메시지는 보내는 일은 몇 분 걸리지 않으며 추가 비용도 들지 않지만, 브랜드 인식뿐 아니라 판매 수익에 엄청난 파급 효과를 가져올 수 있다.

7. 선행을 실천하기

기업이 사회나 공동체를 향한 공감을 표시할 때 고객 충성도는 올라간다. 가짜 공감이 아닌 순수한 의도로 펼치는 자선 활동은 기업의 브랜드를 탐욕스러운 영리 조직에서 사회 발전의 촉매제이자 책임감 있는 기업 시민corporate citizen(기업의 사회적 책임을 강조하는 말-옮긴이)으로 바꿔놓을 수 있다. 이처럼 목적의식이 있는 행동은 오늘날의 소비자들, 특히 밀레니얼 세대, 더 나아가 Z세대를 끌어들이고 브랜드 친밀도를 형성하는 데 매우 중요하다.

대의에 따른 선행을 베푸는 것은 직원들의 업무 몰입도를 높이는 좋은 방법이며, 고객 경험 개선에도 도움이 된다. 이는 도미노 효과를 불러온다. 직원이 만족해야 고객이 만족할 수 있다. 이 말은 사우스웨스트 항공의 창립자 허브 켈러허에게 성공을 가져다준 경영 철학인데, 많은 연구가 그의 이러한 주장을 뒷받침하고 있다. 즉, 직원의 업무 몰입도를 끌어올리면 고객 경험이 개선되고, 결과적으로 브랜드 인식이 개선된다. 그렇게 계속 선순환이 이루어지는 것이다.

일반적으로 기업은 이벤트성 선행을 베풀고 할 일 목록에서 공감 항목을 삭제하기 쉽다. 실제로 많은 기업이 거기서 더 나아가지 못한다. 하지만 지금껏 봐왔듯, 공감은 어떤 활동이나 행위라기보다 자세나 마음가짐에 가깝다. 즉, 사회와 세상을 도우려는 마음이 안에서 밖으로 뻗어나가는 것이다. 이런 자선 활동은 선의를 지지하는 리더와 문화 그리고 정책이라는 토양 없이는 불가능하다. 따라서 그런 토양이 없이 이뤄지는 자선 활동은 의심의 눈초리를 살 수밖에 없다(대부분의 경우 이런 것은 가짜 공감이다).

탐스TOMS는 공감의 가치를 바탕으로 세워진 대표적인 기업으로,

현재는 기부가 전체 브랜드의 정체성이 되었다. 2006년, 블레이크 마이코스키Blake Mycoskie는 아르헨티나의 작은 마을을 여행하다가 신발도 없이 맨발로 서 있는 아이들을 만났다. 그는 그 모습을 보고 아이들을 도와주기로 결심했다. 그리고 탐스를 설립하고, 신발 한 켤레가 팔릴 때마다 필요한 아이에게 신발 한 켤레를 기부하겠다고 약속했다. 일대일 기부 모델에서 출발한 이 아이디어는 뒤따른 브랜드에서도 원칙이 되었다. 탐스 아이웨어TOMS Eyewearsms는 안경 하나가 팔릴 때마다 필요한 사람에게 시력 회복 비용을 지원한다. 탐스 로스팅코커피TOMS Roasting Co. Coffee는 커피를 사면 일주일 동안 쓸 수 있는 깨끗한 물을 필요한 사람에게 기부한다. 마이코스키의 말처럼 "특별한 사명감으로 회사를 설립한 것이 아니라 회사가 사명감 그 자체가 된 것이다."

탐스의 성공은 회사의 성장과 기부 문화 확산을 동시에 이루어냈다. 탐스의 웹사이트에 따르면, 이미 3500만 켤레가 넘는 신발을 기부했고, 25만 명이 넘는 사람들의 시력 회복을 도왔다. 탐스가 성공하자 인터넷에서 양말을 판매하는 봄바스Bombas, 안경 회사 와비파커Warby Parker, 화장실 용품 회사 숍박스Soapbox 등 다른 기업의 브랜드들도 비슷한 일대일 기부 모델을 채택했다. 지속 가능한 아웃도어 제품과 의류를 판매하는 유나이티드 바이 블루United by Blue는 여기서 한발 더 나아간다. 이 회사의 웹사이트에 따르면, 이들은 자사 제품이 하나 팔릴 때마다 전 세계 바다와 수로에서 약 450그램의 쓰레기를 수거한다.

마이코스키는 이 모든 기부 활동이 비용이 들더라도 경쟁 우위를 확보해준다고 믿고 있다. "고객에게 더 큰 혜택을 돌려준다는 의도가 이미 가격에 포함된 셈입니다. 우리 제품을 사는 고객은 단순히 물건을 구매하는 행위 이상의 특별한 일을 한다고 느끼기 때문이죠. 점점 더 많은 고객이 자신의 구매 행위가 세상에 끼치는 영향력을 알아가고 있습니다. 이런 식으로 저희는 충성 고객을 확보하는 한편, 새로운 고객까지 끌어들일 수 있습니다. 기부하는 데 많은 돈을 쓰고 있지만, 투자한 만큼 실질적인 수익이 발생한다고 생각합니다."

어떤 규모의 기업이라도, 심지어 일인 기업도 선행을 베풀며 공감을 실천할 수 있다. 글쓰기 강사 알렉산드라 프란젠은 자신의 사업에 공감의 가치를 불어넣어, 영리 목적의 사업에 자선 활동을 포함시키는 방법으로 고객의 참여를 유도한다. 그녀는 매달 수입의 일정 부분을 자선 단체에 전달한다. 프란젠은 한 온라인 강좌의 수강료 일부를 미국시민자유연맹American Civil Liberties Union에 기부하기도 했다. "기부 금액을 수강료에 포함시켰죠. 웹사이트에 이를 공지하면 사람들은 자기 돈이 다른 사람을 돕는 일에 쓰인다는 사실에 기뻐합니다."

리드테크의 데이브 발라이는 이와 같은 방법으로 직원들이 사회에 환원할 수 있다면, 기업은 기부 활동으로 발생하는 비용을 감수할 것이라고 이야기한다. "모든 직원에게 매년 최소 이틀 정도 자신이 고른 단체에서 봉사할 수 있는 시간이 주어지는데, 흥미롭게도 많은 직원이 개인 시간까지 내 해당 단체에서 봉사를 이어갑니다. 정말 보기 좋은 모습이죠. 외부 고객에게 바람직한 모습을 보여줄 뿐 아니라 조직 내 공감 문화 형성에도 큰 도움이 되니까요."

성공한 기업들은 대부분 '베풂'을 뼈에 새겨왔다. 거대 기술 기업 세일즈포스Salesforce는 항상 두 가지 목표에 집중한다. 바로 고객 관계 관리 분야의 선두 주자가 되는 동시에 지역 사회에서도 리더가 되는 것이다. 세일즈포스의 창립자이자 CEO인 마크 베니오프Marc Benioff는 이렇게 말한다. "기업은 돈 버는 것 이상의 일을 할 수 있습니다. 사람들을 돕는 일을 할 수 있어요. 기업의 본분은 세상을 더 나은 곳으로 만드는 것입니다."

세일즈포스는 '1-1-1 모델'을 자랑스럽게 여긴다. 이 모델은 자사의 기술과 사람, 자원을 더 나은 세상을 만드는 일에 사용하는 것을 목표로 한다. 회사의 제품과 직원들의 시간, 자원의 1퍼센트를 기부한다는 발상은 비영리 사회법인 세일즈포스닷오알지Salesforce.org의 탄생으로 이어졌다. 1999년부터 이 회사는 사회에 2억 6000만 달러 이상의 보조금을 기부해왔다. 4만 개에 달하는 비영리 단체와 고등 교육 기관이 무료로 혹은 대폭 할인받은 금액으로 세일즈포스의 기술을 사용하고 있다. 세일즈포스 직원들의 봉사 활동 시간은 약 360만 시간에 이른다.

이처럼 선행을 강조하는 노력은 제대로 빛을 발했다. 세일즈포스는 연 수입 130억 달러 돌파라는 뛰어난 실적을 올렸다. 또 《포브스》 선정 '세계에서 가장 혁신적인 기업' 순위에 꾸준히 이름을 올리고 있으며, 직원들의 업무 몰입도와 근속연수 향상이라는 성과까지 누리고 있다. 이 같은 파급 효과는 세일즈포스의 브랜드 평판을 높일

뿐 아니라 직원들에게 목적의식과 자부심을 선사한다. 이는 회사의 브랜드 대사를 자처하는 직원들의 역할이나 업무 결과에 그대로 반영된다.

유니레버Unilever는 탄소 발자국을 줄이고 긍정적인 사회적 영향력을 키우고자 2009년 '지속 가능한 삶 계획Sustainable Living Plan'을 시작했다. 이들도 직원들의 몰입도와 수익 향상이라는 비슷한 성과를 얻었다. 유니레버에 따르면, 계획을 발표한 이후 자사의 '지속 가능한' 브랜드들이 다른 경쟁업체보다 46퍼센트 빨리 성장했으며, 매출 성장률은 70퍼센트를 기록했다. 그뿐만 아니라 "10억 명의 건강과 삶의 질을 향상시키고, 환경에 미치는 영향을 반으로 줄였으며, 수백만 명의 직원 및 공급업체와 소매업체의 살림살이를 개선"하는 등 야심 차게 계획했던 목표의 80퍼센트를 이미 달성했다.

2017년 《포브스》 기사에 따르면, 유니레버는 "목적의식과 수익 양쪽에 초점을 맞추는 것으로 방향을 바꾼 이후, 주당 순이익이 1.16유로에서 2유로로 증가하고 시가 총액은 630억 유로에서 1000억 유로 이상으로 올랐다."

선행과 기부를 베푸는 자선 활동은 그 형태가 매우 다양하므로 여기서 구체적인 사례를 언급하진 않겠다. 사실, 경영진이 어떻게 하면 회사 브랜드와 가장 잘 어울리는 방식으로 지역 사회를 도울 수 있는지 연구하는 것은 조직 전체에 공감의 가치를 심는 아주 훌륭한 방법이다.

기업 미션을 지키려고 노력할수록, 진정성 있고 믿을 수 있는 모습을 더 많이 보여줄수록, 직원들의 충성도와 목적의식은 깊어진다. 반려동물 사료와 용품을 판매하는 기업은 지역 내 동물 보호소를 지원하거나 동물 학대에 반대하는 활동을 할 수 있을 것이다. 인적자원과 채용 관련 소프트웨어를 개발하는 기업은 지역 내 취업 훈련 프로그램을 지원하거나 대학생들에게 진로 상담을 제공하면 완벽하다. 직원들을 모아 기업의 미션과 목표를 다시 새겨본다면 회사에 어울리는 자선 활동을 찾을 수 있을 것이다.

8. 고객의 목소리 활용하기

공감은 자신의 세계관에서 벗어나는 과정이다. 좋은 브랜드를 만드는 과정도 이와 같다.

내가 컨설팅을 진행할 때 강조하는 가장 중요한 브랜드 전략 중 하나는 바로 우수 고객과 정기적으로 대화를 나누는 일이다. 이는 고객의 생각과 느낌, 욕구와 지속적으로 연결되는 거의 유일한 방법이기도 하다. 진정한 공감형 브랜드는 기업이 자기 생각을 읽고 있다고 고객이 착각할 정도로 자사 고객에 대해 잘 알고 있다.

추적 소프트웨어나 사용자 분석 툴을 사용하자는 이야기가 아니다. 두 가지 모두 고객의 입장을 파악할 수 있는 좋은 방법이긴 하지만, 여기서는 좀 더 전통적인 방식을 말하려 한다. '공감형 리더의 습관과 특징'에서 말했듯이, 리더와 조직 구성원이 경청하는 자세를 갖추면 다음 단계는 쉽다. 고객의 문제나 걱정, 불만, 어려움에 귀 기울인 다음 고객의 목소리를 반영하면 된다. 그러면 브랜드 충성도는 단단해지고 판매량은 올라가며 입소문이 더 많이 퍼질 것이다. 고객이 제기한 문제를 해결하겠다고 하고 고객이 원하는 해결책을 제시한다면, 고객은 기업이 자신에게 맞춤형 솔루션을 제공해주었다고 생각할 것이다.

인터뷰나 설문조사를 통해 고객이 겪는 어려움이나 추구하는 이익을 솔직하게 묻는 것도 고객의 의견을 정확하게 파악하는 데 도움이 된다. 일부 전문가들이 권하듯, 아마존 리뷰와 같은 가공되지 않은 글을 찾아보는 것도 좋다. 유명한 카피라이터 조안나 위베Joanna Wiebe는 이 방법으로 고객사의 웹사이트를 위한 완벽한 홍보 문구를 만들어냈다. 바로 "재활치료가 필요하다고 생각되면 정말 필요한 거예요If you think you need rehab, you do"였다. 이 문구는 재활센터 비치웨이Beachway의 홈페이지 클릭 수를 무려 400퍼센트나 증가시켰다. "중독은 여기서 끝입니다Your Addiction Ends Here"라는 기존 헤드라인보다 월등히 효과가 좋아, 신청서 제출 페이지 유입을 20퍼센트나 높여주었다(신청서가 별도 페이지에 완전히 분리돼 있었는데도 이런 효과를 누릴 수 있었다).

메소드Method의 클리닝 제품들은 포장지에 아주 재미있고 위트 넘치는 메시지가 쓰여 있다. 예를 들면, 메소드의 안티박테리아 다목적 세정제 뒤에는 이런 문구가 적혀 있다. "자기가 똑똑한 줄 아나 봐요? 네……, 제대로 알고 계시네요." 메소드는 제품 설명이나 사용 방법을 표기할 때 복잡하지만 꼭 알아야 하는 세부 정보나 안전 사항 등을 이해하기 쉽게 설명한다. 그래야 세정제를 사용해 불쾌하고 더

러운 화장실을 청소하거나 빨래를 해야 하는 사람들이 실제로 주의 사항을 지킬 수 있기 때문이다. 메소드 웹사이트의 제품 소개 표제는 '지옥도 씻어낼 세정력과 천국 같은 향기'다. 이는 고객의 언어로 말하는 홍보 문구가 어떤 것인지 잘 보여준다. 마케팅 부서가 고객의 머릿속 목소리 혹은 적어도 메소드 제품을 자주 사는 충성 고객인 내 목소리를 내고 있는 듯한 기분이다.

카피라이터 조엘 클레트키Joel Klettke는 2017년 캐나다 소프트웨어 회사 언바운스Unbounce에서 주최한 강연 '고객의 마음을 읽는 법'에서 고객의 언어를 활용하는 데 도움이 될 몇 가지 재미있는 예를 보여주었다. 그는 두 쌍의 홍보 문구를 비교해보고, 고객이 듣고 싶은 말과 마케팅팀에서 하고 싶은 말의 차이를 느껴보라고 했다.

- 단순화된 영업 전략 vs. 결과 예측 작업과 각종 잡무를 싫어하는 당신을 위해 영업 전략 수립의 수고로움을 덜어드립니다.
- 내부 보고의 한계를 격파하다 vs. CRM팀이 줄 수 없는 보고서로 당신을 두통에서 해방시켜드립니다(CRM은 customer relationship management의 약자로 고객 관계 관리를 의미한다 - 옮긴이).

기업이 중요하게 여기는 업계 전문 용어나 과장된 문구를 사용하면 메시지의 의도가 희석되기 쉽다. 고객의 입장에서 접근한 표현이 훨씬 더 많은 공감을 불러일으킨다. 이런 접근을 하기 위해서는 고객이 자신이 겪는 불편이나 어려움을 어떻게 설명하고 또 묘사하는지 참고하는 것이 좋다. 하지만 이런 사실에도 많은 기업이 브랜딩을 할 때 문제와 솔루션에 대한 자기 식의 표현에 집착하는 실수를 저지른다.

앞서 말했듯, 나는 컨설팅을 해주는 고객사에 이상적인 고객의 모습을 상상해보라고 한다. 혼잣말하거나 배우자에게 불평할 때 혹은 작은 소리로 실망감을 표현할 때 그들은 어떤 말을 할까? 해피아워 서비스로 제공된 마가리타를 마시며 "있잖아, 난 업계 최고의 솔루션이 필요해" 또는 "수익도 올리고 생산성도 최대로 높일 방법을 찾느라 고생하고 있어"라고 투덜거리진 않을 것이다. 그들은 아마 "클레임을 더 빨리 처리해야 돼" 또는 "효율성과 팀워크를 어떻게 끌어올리면 일 진행에 속도가 좀 날까?"라고 말할 것이다.

기업의 언어가 아닌 고객의 언어로 문제를 정의해야 한다. 브랜드가 허용한다면, 고객이 실생활에서 불만을 표시할 때 쓰는 아주 '생생한' 언어 표현 몇 가지를 쓸 수도 있다. 고객은 이런 표현을 통해 브랜드가 자신과 자신의 생활을 제대로 파악하고 있다고 느끼고 그들의 제품을 선택할 것이다.

리더와 직원들은 시장에 대해 잘 알고 있다 하더라도, 실제 고객의 삶이 어떤지는 잘 모르는 경우가 많다. 이제는 고객의 삶에 깊숙이 들어가 공감하고 질문을 해야 할 때다.

캔디스 니콜스Candace Nicolls는 시간제 노동자와 기업을 연결해주는 서비스업체 스낵어잡Snagajob의 스내거 서비스Snagger Services 부문 전무이사다. 이 회사 직원들은 자사 브랜드에 강한 동질감을 느낀 나머지 스스로를 스내거스Snaggers(확 낚아채는 사람이라는 뜻-옮긴이)라 부른다. 니콜스가 맡고 있는 부문의 이름에서도 알 수 있듯, 그녀는 실제 인사채용 부서를 이끌고 있다. 스낵어잡의 직원들은 대부분 굉장히 숙련된 소프트웨어 엔지니어들이라, 시간제 노동자로 일하며 가족을 부양하는 일이 어떤 것인지 잘 모른다. 하지만 고객에게 서비스를 제공하려면 고객의 처지를 알아야 한다.

니콜스는 이에 대해 이렇게 설명한다. "가난의 고리는 빠져나오기가 굉장히 힘들어서 사람들에게 엄청난 절망감을 안겨줍니다. 여러분과 제가 성가시다고 느낄 만한 것들이 우리가 여기서 매일 마주하는 사람들에게는 치명타가 될 수 있습니다. 내부 직원들 대부분은 시간제 노동자들이 직면하는 문제들을 겪을 일이 없어요. 따라서 '우리가 생각하는' 그들의 문제가 아니라, 실제로 '그들이 겪고 있는' 문제를 해결해야 한다는 사실을 직원들에게 계속 일깨워주고 있습니다."

그렇다면 고객들에게 어떤 질문을 해야 하고, 어떻게 그들의 목소리를 활용할 수 있을까? 여기서 고객의 니즈를 파악하는 몇 가지 방법을 소개한다. 고객의 이야기를 경청하고 있음을 보여주고, 고객이 원하는 솔루션을 당신이 제공해줄 수 있다는 확신을 심어주도록 하자.

• 열린 질문으로 설문조사를 진행하라

열린 질문을 활용해 피드백을 수집하고, 설문에 참여한 고객들에게 작은 감사 선물을 제공하자. 설문조사는 전문 조사 기관에 비싼 돈을 들여 만든 세련된 질문지를 써도 되고, 서베이몽키SurveyMonkey나 구글폼Google form을 활용해 직접 만든 간단한 질문지를 써도 된다. 열린 질문은 고객이 문제를 제기할 때 쓰는 단어들을 사용하도록 자연스럽게 유도하므로, 기업은 고객의 목소리를 정확하게 포착할 수 있다.

- **이메일로 고객의 생각을 묻고 응답을 유도하라**

  자동으로 발송되는 이메일을 효과적으로 활용할 수 있는 방법이다. 가입 환영 메일이나 주문 확인서를 보낼 때를 고객의 의견을 수집하는 기회로 활용하라. 한 달 전 즈음, 나는 이메일을 보내 고객들에게 그들이 원하는 브랜드를 어떤 형용사를 써서 설명하고 싶은지 물었다. 결과는 많은 것을 알려주었다. 이 방법은 업계 사람들에게 곧바로 상당한 반향을 불러일으킬 만큼 더 좋은 마케팅 자료를 만드는 데 도움을 주었다.

- **고객과 전화로 대화를 나누거나 시간을 내 직접 만나라**

  이 같은 친밀한 소통은 중요한 통찰력을 줄 수 있을 뿐 아니라 끈끈한 관계를 형성하는 데도 도움이 된다. 시간을 내 개별 고객 혹은 잠재 고객에게 점심 식사 혹은 커피를 대접하자. 다만, 내 이야기를 하지 말고 고객의 이야기를 들어야 한다. 고객에게 어려움은 없는지, 가장 큰 문제가 무엇인지, 어떤 해결책을 시도해봤는지 물어보고 고객이 사용하는 단어와 문장을 그대로 메모하자. 예전에 나는 이상적인 고객상에 부합하는 소수의 단골 고객과 동료에게 연락해 회사가 제공하는 서비스에서 무엇을 원하고 필요로 하는지 물었다. 그들은 값진 피드백을 주었고, 내가 강의를 구상하고 여러 자료를 만드는 데도 큰 도움을 주었다.

- ## 고객의 니즈에 집중하는 이벤트를 개최하라

  답답하고 비용이 많이 드는 표적 집단 인터뷰는 필요 없다. 고객을 모아 편안한 환경에서 각자의 니즈와 바람, 목표, 걱정 등을 공유하는 자리를 만들어라. 그 뒤 질문을 던지고 고객의 목소리를 활용할 수 있도록 그들이 사용하는 단어를 정확하게 기록하라. 와인과 치즈가 있는 간소한 파티를 열어도 좋고, 행사가 끝난 후 자유롭게 질문과 답변이 오갈 수 있는 가벼운 토론회를 열어도 좋다.

- ## SNS와 인터넷에 올라온 후기를 살펴라

  업계나 제품, 서비스와 이해관계가 없는 사람들이 자발적으로 남긴 후기들을 살펴보라. 어떤 점을 자주 칭찬하는가? 어떻게 실망감을 표현하고 있는가? 제품이나 서비스의 장점 또는 단점으로 무엇을 말하는가? 그들이 쓰는 단어와 문구를 기록한 후 당신의 브랜드 메시지에 녹여보라.

마케팅 컨설턴트 겸 강연가이자 『혁신본능 The Toilet Paper Entrepreneur』과 『수익 먼저 생각하라 Profit First』를 쓴 베스트셀러 작가 마이크 미칼로위츠 Mike Michalowicz는 가능하면 고객을 직접 만나 정보를 수집하라고 조언한다. "고객의 상황이 어떤지 직접 눈으로 볼 필요가 있습니다. 그렇지 않으면 고객은 당신을 신뢰하지 않을 겁니다. 고객이 마음속 이야기를 털어놓을 수 있게 편안한 분위기를 조성하세요. 그냥 겉으로 하는 말을 구분해내고 고객의 진심을 들을 수 있어야 합니다."

미칼로위츠는 꾸준히 고객들과 실시간으로 소통할 수 있는 자리에 참석할 뿐 아니라, 말 그대로 한집에서 살기도 한다. "덴버에 오두막을 하나 빌려 우수 컨설팅 고객들을 그곳으로 초대한 적이 있습니다. 나흘간 우리는 같이 요리와 카드 게임을 하며 일에 대해 허심탄회하게 이야기했죠. 덕분에 저는 고객들을 가족처럼 이해하고, 그들의 속마음을 들여다볼 수 있었습니다."

이상적인 고객상에 어울리는 기존 고객이나 잠재 고객 혹은 동료나 지인에게 연락해보라. 간단하게 내용을 설명하고, 함께 논의할 주제에 관한 명확하고 간결한 질문 몇 가지를 해보자. 항상 피드백에 대한 감사 인사를 전하라. 각종 할인권이나 무료 가이드북, 기프트 카드, 초콜릿 바구니를 전달하거나, 상대가 원하는 자선 단체에 기부하는 방법이 있다.

브랜드 인식은 기업 운영 방식에 달려 있다. 당신이 상대하는 사람이 소비자든 고객이든 기부자든 파트너든 간에, 그 사람들의 원츠와 니즈에 관심을 보이지 않으면 절대 공감형 브랜드가 될 수 없다. 외부 브랜드의 토대는 내부의 진정성 internal authenticity을 전제로 다져진다. 내부의 진정성은 올바른 인재가 올바른 조직 문화를 만들고, 고객과 원활하게 소통할 수 있도록 매일 노력해야 확보할 수 있다. 고객이 무엇을 필요로 하는지 파악하라. 그리고 사용자 중심 제품 디자인이 더 나은 사회와 세상을 만드는 데 도움이 되는 유쾌한 고객 경험으로 이어지도록 하라. 이것이 고객이 평생 충성하는 브랜드의 시작이다.

체크포인트

수익보다 더 중요한 가치를 놓치지 않으면서 꾸준히 고객의 참여를 유도하고, 고객과 소통하며 고객 만족도를 높이는 데 도움이 되는 여덟 가지 전략을 소개한다.

1. 고객의 시각을 존중하기: 기업 미션을 지루하고 상투적인 문구로 표현해선 안 된다. 기업 미션은 직원들이 매일 하는 행동을 다 담을 수 있는 방식으로 만들어져야 한다. 고객의 가치관과 기업 미션이 일치하는지도 중요하다. 진정한 공감형 브랜드를 만들려면 고객이 세상을 바라보는 시각을 존중해야 한다.

2. 공감의 언어로 이야기하기: 적절한 어휘 선택이 이루어져야 공감형 브랜드에 관한 논의를 시작할 수 있다. 고객에게 가장 영향력 있고 울림을 주는 말이 무엇일지 생각해보라. 어떤 표현이 고객을 멀어지게 하고 그들의 자존심에 상처를 낼까? 어떤 표현을 써야 고객을 존중하고 경청하며 이해한다는 느낌을 줄 수 있을까? 고객의 머릿속 목소리는 무엇을 말하고 있는가?

3. 열정적인 브랜드 대사를 채용하기: 모든 직원이 공감의 가치를 수용하고 실천해야 한다. 하지만 브랜드 인식의 결정적 영향을 미치는 것은 회사를 대표해 최종 소비자들이 원하는 것을 얻을 수 있게 도와주는 직원들의 행동이다. 이는 직원들이 가장 중요한 브랜드 자산이라는 사실을 다시 한번 일깨운다. 또 적합한 자질을 갖춘 브랜드 대사, 즉 올바른 행동을 하고 고객에게 약속

한 기대 경험을 전달할 수 있는 사람들을 고용해야 한다는 사실을 새기게 한다.

4. 올바른 고객 서비스 정책의 시행: 기술과 투명성을 강조하는 현시대 분위기로 일선 직원들은 그 어느 때보다 고객들과 가까이 있다. 따라서 직원들에게 각각의 특수한 상황에 맞춰 현장에서 즉시 문제를 해결할 수 있는 권한을 주어야 한다.

5. 피드백을 환영하기: 어떤 종류의 피드백도 두려워하지 말자. 가장 부정적인 내용을 담고 있다 할지라도 변화의 촉매제로 사용할 수 있다.

6. 고객과 친밀감 형성하기: 기업 수익이 10만 달러든 10억 달러든 간에, 고객에게 이해와 존중을 느끼게 해주고 친밀감을 형성할 기회는 무수히 많다. 일선에서 고객과 접촉하는 직원들에게 적절한 보상과 함께 더 좋은 서비스를 제공할 시간을 마련해주어라.

7. 선행을 실천하기: 기업이 사회나 공동체를 향해 공감을 표시할 때 고객 충성도는 더 높아진다. 이처럼 순수한 목적의식이 있는 행동은 오늘날의 소비자, 특히 밀레니얼 세대와 Z세대를 끌어들이고 브랜드 친밀도를 형성하는 데 매우 중요하다.

8. 고객의 목소리 활용하기: 고객의 문제나 걱정, 불만, 어려움에 귀 기울인 후 고객의 목소리를 정책에 반영한다. 그렇게 한다면 브랜드 충성도가 단단해지고 판매량이 올라가며 입소문도 더 많이 퍼질 것이다.

| 에필로그 |

공감할수록 성공에
더 가까워진다

공감에는 대본이 없다. 공감을 실천하는 올바른 방법이나 틀린 방법도 없다.
그저 이야기를 들어주고 상대를 존중하며, 판단을 보류하고 상대의 감정에 다가가
"당신은 혼자가 아니에요"라는 놀라운 치유의 메시지를 전달하면 된다.
_ 브렌 브라운 Brené Brown, 심리학자이자 『리더의 용기 Dare to Lead』 저자

뉴스 헤드라인을 훑으면 매일 전쟁, 기아, 잔혹 행위, 무지에서 비롯된 사건 등이 눈에 띄는 시대다. 이런 때에 리더십과 기업 문화, 브랜드에 공감의 가치를 주입하는 일은 상대적으로 대수롭지 않게 느껴질지도 모른다. 하지만 세상을 조금 더 따뜻한 곳으로 만드는 일은 다양한 사회 분야에서 늘 노력을 기울여야 하는 과제다. 다행히도 우리는 자신의 영향력이 유효한 공간에서 그 노력을 펼쳐갈 수 있으며, 학습 곡선의 아주 초기 단계에 있기는 해도 우리의 공감 능력은 향상되고 있다.

당신이 알아채지 못했을 경우를 대비해 말하자면, 이 책은 거대하고도 은밀한 미션을 담고 있다. 리더들과 브랜드들이 공감하는 자세

를 받아들임으로써 성공하도록 돕고, 더 나아가 궁극적으로 공감 능력이 뛰어난 세상을 만드는 것이다. 우리는 직장이라는 아주 특수한 환경에서 이제 막 움직이기 시작했다.

함께 용기를 내자.

차세대 공감형 리더 육성하기

차세대 공감형 리더를 육성하려는 노력이 전 세계에서 이뤄지고 있다. 영감을 주는 선구자들은, 공감이 인간의 자연스러운 행동으로 자리 잡게 하려고 노력하고 있다. 사람들이 두 번 생각할 필요 없이 당연하게 받아들이게 하려는 것이다. 그때엔 공감에 관한 책을 쓸 필요조차 없을 것이다. 왜 눈은 깜빡이는지 또는 왜 심장이 뛰는지에 관한 책을 쓸 필요가 없듯이 말이다.

캘리포니아 주 샌프란시스코에서 살짝 벗어나 있는 아름답고 고요한 엘세리토El Cerrito의 한 학교에서 얄다 모다버Yalda Modabber와 동료 교사들은 다음 세대들에게 마음챙김 리더십과 공감 리더십을 가르치고 있다. 모다버는 전 세계 교육자들에게 모범이 될 만한 '유치원-초등학교' 교육 과정을 운영하는 비영리 단체 골스턴키즈Golestan Kids의 대표이사다. 이 학교의 모든 교과 과정과 교육 환경에는 공감과 친절이 스며들어 있다. 다른 학교들이 교육 과정에 공감의 가치를 도입하려는 시도를 할 때, 골스턴키즈는 이미 공감을 최우선 순위에 두며 모든 아이를 위한 핵심 경험으로 삼고 있다.

"이곳 아이들은 존중과 관심을 받는다고 느낍니다." 모다버는 이

점이 매우 중요하다고 생각한다. 어린 시절 그녀는 아이들이 공감받지 못하고 친절함을 느끼지 못할 때 무슨 일이 벌어지는지 경험했다. 보스턴에서 태어난 그녀는 어렸을 때 가족과 함께 이란의 테헤란으로 이주했었다. 하지만 1979년에 발발한 이란 혁명으로 그녀의 가족은 다시 보스턴으로 돌아오게 되었다. 당시는 미국에서 이란인이 살기 좋은 시기가 아니었다. 같은 해 이란의 미국 대사관에서 미국인 60명이 인질로 잡히는 사건이 벌어졌기 때문이다.

이란계 이민자인 모다버는 학교에서 고립되었다. 친구가 전혀 없었다. 어느 날, 아이들 몇 명이 그녀의 집 문을 두드리고는 같이 나가서 놀자고 말했다. 모다버와 엄마는 뛸 듯이 기뻐했다. 하지만 아이들은 그녀를 구석으로 데려갔고, 곧 다른 무리의 아이들이 나타나 그녀를 조롱하고 석고 반죽이 든 비닐봉지로 때렸다. 그녀는 그 사건 이후로도 약 2년간 정신적·신체적 괴롭힘을 당했다. 성인이 되어서도 이때의 경험을 잊지 못한 그녀는 어떤 아이도 타인을 매정하게 대하지 않도록 교육하는 단체 골스턴키즈를 설립했다.

모다버는 과학 전공자로서 뇌과학에 대한 이해도가 뛰어난데, 이는 아이들 교육에 많은 도움이 된다. "많은 이들이 공감의 중요성을 이야기하는데, 개인적으로 전 '친절'이라는 단어를 씁니다. 같은 의미를 내포하고 있다고 생각하거든요. 친절이 곧 공감이라고 생각하게 된 건 어렸을 때 겪은 경험 때문이에요. 전 학생들이 친절한 사람이 되는 것이 중요하다고 생각하는데, 그러려면 공감 능력이 뛰어나야 해요. 그리고 공감 능력이 뛰어나려면 다른 사람들의 시각으로 상황을 보고 느낄 수 있어야 하지요."

아이들 주변 환경을 아름다운 자연으로 채우는 것이 이 학교의 핵심 철학이다. 각종 테이블을 비롯한 학교 곳곳에 꽃들이 놓여 있는데, 주로 교내 텃밭에서 가져온 것들이다. 교사들은 차분하고 깔끔한 교실 환경을 위해 교실 내 벽과 공간을 과도하게 꾸미지 않는다. 학생들은 외국어 몰입 교육과 교과 과정, 교육 자료뿐 아니라 심지어 먹는 음식을 통해서도 다양한 문화를 접한다. 그리고 음식을 제공해준 땅과 사람들의 노고에 감사하는 시간을 가진다.

많은 연구에 따르면, 인간은 공감 능력을 타고난다. 그렇다고 해서 저절로 공감 능력을 발휘하거나 키울 수 있는 것은 아니다. 모다버는 이렇게 이야기한다. "사실 저는 학습이 가장 중요하다고 생각합니다. 타인의 요구에 별로 신경 쓰지 않는 사람들도 얼마든지 공감 능력을 학습할 수 있으며, 타인의 요구에 민감한 사람들도 공감 능력을 돌보지 않으면 완전히 잃어버릴 수 있습니다."

골스턴키즈가 운영하는 학교의 목표는, 직관처럼 굳이 생각할 필요가 없고 타고난 것과 같은 공감 능력을 아이들에게 심어주는 것이다. 그러면 공감과 친절이 아이들의 정체성, 즉 사람들과 교류할 때의 기본 태도가 된다. 스스로를 '친절한 사람'으로 인식하면, 자신이 그 정체성에 반하는 행동을 할 때마다 인지 부조화가 일어난다. 그러면 곧 '이건 나답지 않아'라고 생각하게 되고, 알아서 행동을 수정한다. 이게 바로 어린 나이에 공감 능력을 키워야 하는 이유다. 일찌감치 말과 행동에 공감하는 태도가 배게 되면 굳이 학습할 필요가 없다.

이렇게 어려서부터 공감 능력을 키우는 것이 좋긴 하지만, 그렇다고 해서 어른이 공감 능력을 기르기에 너무 늦은 건 아니다. 모다버는 이렇게 말한다. "어렸을 때부터 공감하는 태도를 배워야 하는 건 맞습니다. 하지만 어른이 된 후에는 행동을 선택할 수 있습니다. 이는 다른 유형의 공감으로, 조금 더 적극적이죠. 자기 자신을 '친절한 사람'으로 생각하고 싶고, 실제로 그렇게 되고 싶다면, 이 정체성을 뒷받침해줄 행동을 의도적으로 하면 됩니다. 꾸준히 하다 보면 언젠가 실제로 자기 자신뿐 아니라 타인에게도 공감과 친절을 베풀 수 있게 될 것입니다."

이 점을 안다면 많은 이들이 가정과 가족, 사회, 개인 생활에서 공감 능력을 키우려는 선택을 할 것이다. 그리고 무엇보다 우리의 직장과 일터에서 공감하는 자세와 온정을 베푸는 행동을 장려할 것이다. 공감 문화를 더 깊게 빨리 자리 잡게 하려면, 직원을 배려하고 고객 중심적이며 유연한 업무 환경을 조성하는 데 리더, 직원, 멘토, 매니저 등으로서 우리가 영향력을 발휘해야 한다. 그렇게 하면 기업뿐 아니라 우리가 사는 세상에도 이익이 돌아간다.

하지만 이것이 공원을 산책하는 일처럼 쉬운 건 아니다. 포장해서 말하지 않겠다. 이 일은 분명 힘들고 어렵다.

자기 자신이든 팀이든 고객이든 누군가를 위해 공감 능력을 키우려 한다면, 부족함을 인정하고 변화를 위해 안전지대를 벗어날 용기를 내야 한다. 질투, 공포, 중압감 등과 같은 개인적인 감정과 싸울 준비도 해야 한다. 우리는 모두 기업 문화나 브랜드 등 이 일을 해야 하는 각자의 이유가 있다.

심리학자 수잔 스핀라드 에스털리의 말을 들으면 용기를 얻을 수 있을 것이다. "많이 힘들고 불편할 겁니다. 하지만 어렵다고 느껴도 괜찮아요. 끝까지 파고들면서 스스로를 믿으세요. 잃을 것은 없고 얻을 것은 많으니까요."

당신이 얼마나 얻을 수 있을지 장담할 수는 없다. 하지만 이 책은 공감하는 자세로 비즈니스를 하고 온정을 베풀면 개인과 기업에 큰 이익이 돌아간다는 사실을 충분히 보여줬다. 상당히 자세한 설명을 하고 사례를 들어 뒷받침했으니, 최소한 공감 능력을 키우려는 시도는 해보기 바란다. 이 책에 나오는 몇 가지 주요 전략을 실천한다면, 최선의 결과까지는 아니더라도 최소한 지금보다 더 나은 결과를 얻게 될 것이다. 다음을 기억하라.

- 혁신은 공감에서 싹튼다. 마이크로소프트의 사례와 구글의 연구 자료가 이를 증명한다.
- 애플, 레이, 스내그, 에어비앤비의 성공에서 알 수 있듯이, 공감은 고객의 원츠와 니즈를 파악할 수 있게 해준다.
- 넥스트점프와 크로노스의 문화 및 갤럽, 비즈니스오버, 구글에서 진행한 연구가 증명하듯이 공감은 직원들의 업무 성과와 몰입도를 높여준다.
- 리드테크의 데이브 발라이, 마이크로소프트의 사티아 나델라, 크리스터스 헬스의 리사 레이놀즈의 사례를 비롯한 여러 연구 자료에 나타나듯이 공감형 리더는 직원들의 충성도를 높이고 더 좋은 업무 환경을 구축한다.

- 브라이튼 존스, 세일즈포스, 탐스, 초바니 등이 시장에 증명한 바와 같이 공감은 기업의 성장과 매출 및 이윤 증대를 가져온다.

당신은 이 책을 읽기 전까지 항상 해오던 방식으로 일을 처리했을 것이다. 그래서 현실적으로 너무 어려운 얘기 아닐까 생각할지도 모르겠다. 당신은 회의적인 시각으로 이 책을 읽었을 수도 있다. 하지만 개인 차원에서건 조직 차원에서건 상황이 달라지고 나아지고 성공하게 될 것이라는 생각이 들지 않았다면, 이 책을 끝까지 읽지 않았을 것이다.

믿음을 잃지 말자. 용기를 내 지금과 다른 행동을 시도해보자. 긍정적인 결과를 낼 확률, 최소한 스스로를 위해 이해와 배려의 환경을 만들 수 있는 확률을 높여보자.

처음에는 당신의 목소리만 들린다 해도 걱정하지 않아도 된다. 곧 뒤따라 목소리를 내는 사람들이 생길 것이니, 그들을 이끌 수 있을 정도로 대범해지자.

당신부터 시작해야 한다

아쇼카Ashoka는 세계 최대의 사회적 기업 네트워크다. 이 단체는 35년 전부터 사회적 기업이라는 분야를 개척했다. 이후 전 세계에 3500명이 넘는 아쇼카 펠로우들을 지원하고 있으며, 예상치 못한 아이디어가 혁신적인 사회 발전으로 이어질 수 있게 펠로우들을 이끌어준다. 더 나아가 아쇼카는 자신의 세계적 영향력을 어린이의 공감 능력을 키워주자는 '스타트엠퍼시Start Empathy' 운동으로 확장했다. 선도적인 사회적 기업가들, 교육 개척가들과 함께 시작한 이 운동은 미국 교육 계에 공감과 변화의 씨앗을 더 깊이 심기 위해 노력 중이다.

피스퍼스트의 에릭 도슨, 에두카시온 파라 콤파르티르의 디나 부흐빈데르, 페어 아니타의 조이 맥브리엔 등, 이 책에도 아쇼카 펠로우의 이름이 나온다. 미국 아쇼카의 전략 및 파트너십 이사 마이클 자카라스Michael Zakaras에 따르면, 아쇼카 펠로우 대다수가 세상을 바라보는 사람들의 시각에 영향을 미치고 변화를 만들겠다는 의지를 다지는 경험을 한다. 그리고 그들은 문제에 대해 불평하기보다 해결책을 찾는 데 집중하고 공감을 실천한다.

자카라스가 묻는다. "변혁가들이 일찍부터 그 길을 걷는 것이 중요하다면, 더 많은 아이들에게 아쇼카 펠로우들과 같은 경험을 할 수 있는 기회를 주는 것이 우리의 책임 아닐까요? 다시 말해, 공감 능력을 강조하는 동시에 공감을 실천하고 자신감을 키울 수 있는 기회를 만들어줘야 한다는 겁니다. 이는 새로운 형태의 교육, 양육, 고용이 이루어져야 함을 의미하죠. 공공의 선을 위해 움직이는 변혁가들의 세상을 원한다면 많은 것들이 바뀌어야 해요. 그래도 우리에게 꼭 필요한 일입니다."

문제 해결을 강조하고, 직원과 고객을 포함한 사람들의 성장을 돕는 리더와 기업이 되자. 기업의 밑바탕부터 공감의 가치를 쌓아 올리고 파급 효과를 지켜보자.

온전히 혼자서 이 변화를 위해 싸울 수 있을지 걱정되는가? 역사를 바꾼 수많은 일들이 오직 최초의 한 사람이 쏘아 올린 변화의 불꽃에서 시작되었다는 사실을 기억하자. 공감 문화와 브랜드, 궁극적으로는 서로에게 공감하는 세상을 만드는 일도 그렇게 시작될 수 있다.

기업이 현재 어떤 모습이든 자신의 영향력이 미치는 범위 안에서 더 많이 공감하려 노력한다면, 직급에 상관없이 누구나 변화를 만들어 낼 수 있다. 변화는 하루아침에 이루어지지 않는다. 믿음을 잃지 말자.

더이노바레그룹 CEO 킴 보어의 말은 매우 고무적이다. "호기심을 잃지 않고 이해를 구하는 태도로 접근한다면, 얼마든지 변화를 만들어내고 경력과 사업도 발전시킬 수 있습니다. 공감하는 마음으로 보지 않았을 때는 볼 수 없었던 기회를 보게 될 것이니까요."

보어의 자문 회사는 스타트업과 중소기업이 성과를 끌어올려 뛰어난 경쟁력을 갖추고 시장을 선도하는 위치에 서도록 돕고 있다. 그녀는 문제를 해결할 때 기업의 내부 사정부터 들여다본다. 그런데 빗나간 제품 개발 일정, 시장 점유율 하락, 비용 초과 등 기업의 문제로 보였던 것들이 실은 사내 커뮤니케이션이 제대로 되지 않아 다양한 시각을 인지하지 못해서 발생한 경우가 많았다고 한다. 이런 일이 발생하는 근본 원인은 무엇일까? 바로 타인을 비난하고 타인의 시각을 거부하는 사람들이다.

기업 환경이 빠르게 변화하는 상황에서, 보어는 다른 사람을 바꾸려는 비생산적인 경향을 목격해왔다. 이는 임원들이 직원들을 탓하거나, 경영진이 절대 변화하지 않을 것이라는 생각에 직원들이 포기해버리는 모습 등으로 나타난다. 하지만 현실에서 우리에게 필요한 변화를 다른 사람이 대신 일으켜주길 기다린다면, 우리는 명분, 일, 목표를 모두 잃어버리게 된다.

다시 보어의 말을 들어보자. "직급이나 역할과 관계없이 성공하는 방법은 자신의 행동에 책임을 지는 것입니다. 당신이 통제할 수 있는 것은 무엇인가요? '그 사람들이 다르게 행동했다면 결과가 더 좋았을 텐데'라고 말하는 대신 스스로에게 질문해보세요. '앞으로 나아가 원하는 결과를 얻기 위해 지금 내가 할 수 있는 일은 무엇일까?'"

나 자신부터 시작하자. 호기심을 유지하고, 작은 변화를 만들어내고, 사람들을 격려하고, 그들의 이야기를 경청하자. 그다음엔 내 행동이 팀, 부서, 부문, 회사로 퍼져나가는 파급 효과를 일으킬 방법을 찾아보자. 시작은 나였을지 몰라도, 목표는 나의 공감 능력으로 이뤄낸 변화가 나를 뛰어넘어 더 멀리 도달하는 것이다.

공감으로 변화된 세상을 위하여

나는 크게 생각하되 작은 것부터 실천하자는 아이디어를 좋아한다. 모든 위대한 여정은 한 발자국을 내딛는 것으로 시작된다. 이 사실을 떠올리며, 나의 여정도 대담하고 과감하며 한 사람의 인생을 바꿀 정도로 지대한 영향을 미치게 되기를 희망한다. 공감 능력이 뛰어난 세상을 만드는 일의 시작은 이렇게 미미할지 모른다. 그저 내가 한 발 떼는 데서 시작해 내 주변, 회사로 확대되길 기다려야 한다. 하지만 이런 식으로 우리가 다음 세대의 롤모델이 될 수 있다는 사실을 명심하자. 교육에서 정부, 산업에서 과학, 기관에서 개인까지, 모든 영역에서 공감이 받아들여지도록 노력하는 우리의 모습을 보고 젊은 사람들도 똑같이 행동할 용기를 얻을 것이다.

책임이 무겁다고 느껴질 수 있다. 실제로도 그렇다. 공감은 우리 자신의 경험을 넘어서 사고하고, 다른 사람들의 마음을 헤아리고, 함께 같은 미래를 꿈꾸는 것이다. 나 자신 또는 나의 팀, 나의 회사에만 집중한다면, 이런 공감의 본질을 전혀 이해하지 못한 것이다. 사내 문화에 공감의 가치를 불어넣으면 온정을 베풀지 않는 경쟁사들보다 우위에 설 수 있다. 하지만 이런 단기적 이익보다 궁극적으로 우리가 누릴 수 있는 혜택은, 마음을 활짝 열고 사람에 대한 호기심을 잃지 않으며 서로를 이해하는 세상이다. 지금 우리의 목표는 직장과 기업 환경을 공감의 힘을 검증할 수 있는 무대로 만들어, 온 세상에 변화의 불꽃을 쏘아 올리는 일이다.

모든 준비는 끝났고, 세상이 기다리고 있다.

옮긴이 이애리

한국외국어대학교에서 러시아어와 정치외교학을 전공했다. 교육 출판사에서 영어 교재를 만들었고, 학원에서 영어를 가르치다 번역가의 길로 들어섰다. 글밥 아카데미 수료 후 현재 바른번역 회원으로 활동 중이며, 역서로 『나는 좀 단순해질 필요가 있다』가 있다.

《포천》 500대 기업 브랜드빌더의 혁신기업 공감전략

공감은 어떻게
기업의 매출이 되는가

초판 1쇄 발행 2020년 12월 16일
초판 3쇄 발행 2021년 8월 19일

지은이 마리아 로스
옮긴이 이애리
펴낸이 김선준

책임편집 마수미
편집1팀 이주영
디자인 김세민
마케팅 조아란, 신동빈, 이은정, 유채원, 유준상
경영관리 송현주

펴낸곳 ㈜콘텐츠그룹 포레스트 **출판등록** 2021년 4월 16일 제 2021-000079호
주소 서울시 영등포구 국제금융로2길 37 에스트레뉴 1304호
전화 02) 332-5855 **팩스** 02) 332-5856
홈페이지 www.forestbooks.co.kr **이메일** forest@forestbooks.co.kr
종이 ㈜월드페이퍼 **출력·인쇄·후가공·제본** 더블비

ISBN 979-11-89584-97-9 (03320)

· 책값은 뒤표지에 있습니다.
· 파본은 구입하신 서점에서 교환해드립니다.
· 이 책은 저작권법에 의하여 보호를 받는 저작물이므로 무단 전재와 복제를 금합니다.
· 이 도서의 국립중앙도서관 출판예정도서목록(CIP)은 서지정보유통지원시스템 홈페이지(http://seoji.
  nl.go.kr)와 국가자료종합목록 구축시스템(http://kolis-net.nl.go.kr)에서 이용하실 수 있습니다.
  (CIP제어번호 : 2020050250)

㈜콘텐츠그룹 포레스트는 독자 여러분의 책에 관한 아이디어와 원고 투고를 기다리고 있습니다. 책 출간을 원하시는 분은 이메일 writer@forestbooks.co.kr로 간단한 개요와 취지, 연락처 등을 보내주세요. '독자의 꿈이 이뤄지는 숲, 포레스트'에서 작가의 꿈을 이루세요.